TABLETTES

DE VOYAGE.

Quelques exemplaires sont tirés sur papier de couleur.

Imprimerie de HENNUYER et Cᵉ, rue Lemercier, 24. Batignolles.

TABLETTES
DE VOYAGE

PAR

MME DE MONMERQUÉ.

—

DEUXIÈME ÉDITION.

SUIVIES

DE LETTRES DE MADAME DE SÉVIGNÉ, DE SA FAMILLE ET DE SES AMIS

qui n'ont pas été réunies à sa correspondance.

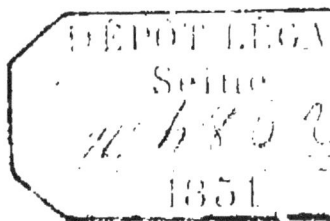

PARIS

LEDOYEN, LIBRAIRE, PALAIS-NATIONAL.

GALERIE D'ORLÉANS, N° 31.

—

1851

Les *Tablettes de voyage* ont paru d'abord dans le *Journal des Dames ;* mon désir était de communiquer à ses lectrices les sensations agréables que j'avais éprouvées durant mes pérégrinations dans les contrées pittoresques que je venais de parcourir. Mon intention n'était pas de leur donner plus de publicité. Cependant j'en fis tirer des exemplaires à part pour quelques amis, et l'opuscule, un peu augmenté, fut ainsi lancé dans le monde littéraire.

Je raconte dans mes *Tablettes* notre visite aux *Rochers*, et c'est sans doute à la mémoire de l'illustre Mme de Sévigné qu'est dû l'accueil fait à ce petit ouvrage.

Plusieurs admirateurs de la spirituelle marquise ont adressé des demandes aux principaux libraires de Paris, pour se procurer un livre qui n'était pas dans le commerce.

Afin de répondre à cet empressement, nous venons d'accorder à M. Ledoyen la faculté de faire une édition de ces modestes souvenirs.

Mais pour donner plus d'attrait à cette publication, M. de Monmerqué y a joint quelques lettres et billets de Mme de Sévigné et de sa famille, publiés à fort petit nombre, et qui jusqu'à présent n'ont paru dans aucune édition.

Une lettre de Mme de Sévigné à Mlle de Montpensier, et une de M. de Coulanges à M. de Gaignières sont tout à fait inédites, et paraissent ici pour la première fois.

Nous continuerons ainsi à nous abriter sous l'égide de Marie de Rabutin-Chantal.

Mme DE MONMERQUÉ.

TABLETTES DE VOYAGE.

Le goût si généralement répandu pour les descriptions des lieux historiques et pour les anecdotes qui s'y rattachent m'encourage à écrire les souvenirs d'un voyage que nous avons fait pendant les vacances dernières. Ces impressions, tantôt littéraires, tantôt inspirées par les pays que je parcourais, m'ont assez intéressée pour désirer de les conserver; cet intérêt sera peut-être partagé par quelques-uns de mes lecteurs.

La veille de notre départ de Paris, avait lieu à l'Institut la séance annuelle de l'Académie française, qui est consacrée à décerner les prix Montyon aux actes de vertu les plus touchants et aux livres les plus utiles aux mœurs. Ingénieux rapprochement! car les belles actions sont le plus souvent une émanation des bonnes et religieuses lectures.

Cette séance était présidée par M. de Salvandy; M. Villemain, secrétaire perpétuel de l'Académie, lut son rapport où se trouvaient les noms des lauréats : quatre dames ont obtenu cette flatteuse distinction, MM^{mes} Carpentier, de Bawr, Desbordes-Valmore, et de Monmerqué; cette dernière, après avoir vu couronner son *Paul Morin* (car personne n'ignore qu'il n'y a plus en France de couronnes que pour les livres et les lauréats), partit pour Chartres où son mari était appelé par ses fonctions.

Le dimanche matin nous entendîmes la messe dans cette immense et belle cathédrale, dédiée à Notre-Dame, et si renommée pour ses vitraux et sa magnifique architecture gothique. La ville de Chartres n'offre guère d'autre attrait à la curiosité des voyageurs, si ce n'est peut-être la statue de l'*âne qui vielle*, adossée à la tour méridionale, et sur laquelle on raconte, dans le pays, des anecdotes assez piquantes.

La littérature et les arts rencontrent à Chartres des amateurs et même des artistes distingués, entre autres M. D***, qui a relevé les dessins de la plupart des vitraux de l'église, si remarquables par la richesse et l'énergie des couleurs. En pensant à M. D***, on comprend que le bonheur peut se rencontrer quelquefois sur la terre : marié par inclination avec la nièce de la duchesse de C***, jeune femme élevée au sein du luxe, qui, écoutant la voix de son cœur, a préféré au grand monde une vie simple, modeste et retirée, dans la jolie petite maison d'un homme d'esprit et de talent, dont elle partage les goûts délicats et les habitudes studieuses. Au milieu ues ruits et des fleurs d'un jardin plein de verdure et d'oiseaux, à côté d'un palais qui domine ce charmant enclos, en y voyant cet aimable ménage, on croit encore à la possibilité *d'une chaumière et son cœur !*

Un ancien professeur du Lycée, ami de M. D***, vint nous visiter : c'est un grand amateur de livres et d'autographes ; dans sa collection se trouve une correspondance entière de Jean-Baptiste Rousseau, ainsi que plusieurs lettres de Voltaire, de Gresset, de beaucoup de femmes célèbres, et même une lettre, plus remarquable que toutes les autres, adressée par Louis XIV à madame de La Vallière. Cette épître amoureuse est écrite dans le style impératif du grand roi ; elle ne respire pas l'accent tendre et sensible qui semblait devoir le plus toucher la sentimentale Louise de La Vallière. L'amour est ici sur le ton de l'ordre.

Le palais épiscopal de Chartres est grandiose ; on a, de ses jardins, une vue admirable qui s'étend sur la rivière d'Eure et ses villas. Le vénérable évêque est l'un des prélats de l'Eglise de France qui ont montré le plus de zèle pour la gloire de la religion et pour la défense de la liberté de l'enseignement. Mon premier soin, en arrivant à Chartres, fut d'aller demander la bénédiction de ce vénérable pasteur, auquel je suis unie par des liens de famille.

Je fus heureuse de rencontrer à Chartres Mme de B***, que j'avais connue à Angoulême ; hélas ! elle portait le deuil d'une jeune fille de dix-huit ans qu'elle avait perdue quelques mois auparavant ; depuis ce malheur elle vit séparée du monde avec un petit nombre d'amis qui essayent de la distraire de sa profonde douleur. Nous passâmes chez elle une soirée intéressante avec la famille d'un de nos représentants de la droite, noble Vendéen, au cœur ardent, à la parole véhémente, dont les deux charmantes filles étaient les compagnes de Mlle de B***, objet de si justes regrets.

Après un court séjour dans la ville de Chartres, nous nous rendîmes au Mans, où ma belle cousine, Mme Migneret, nous attendait dans l'ancienne abbaye des Bénédictins, devenue l'hôtel de la préfecture.

Tout se trouve réuni dans cette splendide abbaye, appelée Saint-Pierre-de-la-Couture : la bibliothèque, riche d'anciens livres et de manuscrits ; le musée qui, auprès de quelques œuvres de maîtres, offre dans une suite de tableaux le *Roman comique* de Scarron, mis en scènes burlesques par un artiste contemporain. On peut s'étonner que l'on n'ait pas encore pensé à reproduire ces curieuses compositions pour orner une édition de cet ouvrage naïf et original. Ce bon Scarron est la célébrité littéraire de la ville du Mans : on y montre sa maison située en face du petit portail de la cathédrale ; on voit encore sur la Sarthe les restes du pont sous lequel, un certain mardi-gras, le malheureux chanoine, emplumé comme un gros oiseau, s'était caché pour se soustraire aux regards d'un prêtre qui portait le saint-viatique à un malade. Saisi par le froid, troublé par la honte et la frayeur, tous ses membres se contractèrent et le réduisirent à cet état de difformité qui ne l'empêcha pas, quelques années plus tard, d'offrir sa main à la belle Françoise d'Aubigné, que son horoscope et sa destinée appelaient à s'asseoir sur les degrés du trône de France.

Au nombre des avantages que j'ai surtout appréciés dans cette préfecture, est une vaste tribune qui plonge sur l'église Saint-Pierre-de-la-Couture, et d'où l'on entend la messe sans sortir de chez soi.

On y jouit d'un jardin magnifique, ou plutôt d'un parc, offrant une large pièce d'eau au milieu d'un gazon verdoyant. Les plantations *capitulaires* sont disposées de manière à tracer le rond-point d'une cathédrale.

On trouve au Mans des cabinets d'amateurs fort remarquables : je n'oublierai jamais une collection d'émaux de différents âges que possède M. d'Espaulard. Plusieurs de ces émaux sont incrustés dans de l'or et forment de petits coffrets, véritables œuvres de fées dont les femmes les plus recherchées voudraient faire leurs écrins. Les yeux se promènent sur une variété de richesses et de bijoux qui ont servi à la parure des Agnès Sorel, des Diane de Poitiers, des Gabrielle d'Estrées et d'autres dames du moyen âge. Eh bien! de tous ces trésors, ce qui se recommande le plus à la vénération de l'antiquaire, c'est un chandelier de fer damasquiné, donné à la cathédrale du Mans par saint Thomas de Cantorbéry; la donation se lit encore gravée en lettres romaines sur ce précieux meuble; des figures grotesques, entremêlées de croix et de symboles religieux, en forment l'ornementation.

Nous citerons la bibliothèque de M. de Clinchant, composée d'une quinzaine de petits volumes, rares, introuvables, inaperçus, pour la plupart revêtus des plus somptueuses reliures; chacune de ces plaquettes est estimée à un prix fabuleux : « ce sont des livres qu'on *relie*, nous dit en riant M. Ruiller, conseiller de préfecture qui nous accompagnait, mais qu'on ne lit pas souvent. »

Nous ne pouvons point oublier la précieuse collection de tableaux de M. de Saint-Remy, médecin-directeur de la maison des aliénés. Les écoles flamandes et italiennes y ont fourni les principaux tableaux, et parmi les œuvres de maîtres se distingue une admirable copie de la *sainte Cécile* du

Dominiquin. Nous avons vu avec une extrême curiosité un paysage du peintre dit *à la Chouette* : rien de plus fin, de plus frais, de plus délicat que les détails de cette scène de la nature.

Après avoir visité cette belle collection d'objets d'art, nous parcourûmes la maison placée sous la surveillance du docteur. Quel affligeant spectacle que celui de pauvres gens dont la raison s'est égarée, auxquels l'incohérence des idées donne un air d'étrangeté pour les choses les plus simples ! On dirait des somnambules dont l'esprit est endormi; hélas ! quand l'instant du réveil viendra-t-il? La maison de M. le docteur est une maison modèle; les cellules, les grandes salles, les jardins, la chapelle, le travail, tout est ordonné de manière à rappeler la vie de l'intelligence chez ces malheureux. L'amour chez les femmes, la politique chez les hommes sont les deux causes principales du dérangement du cerveau : la coquetterie n'abandonne presque jamais les premières. De bonnes religieuses, chargées des soins intérieurs de la maison, compatissent avec un cœur de femme à ces grandes misères de la vie humaine. Nous y vîmes une jeune artiste dramatique qui n'irait pas à la messe, le dimanche, sans s'être revêtue d'une tunique de gaze et sans avoir orné sa tête d'une guirlande de fleurs et d'une multitude de rubans flottants. Elle accepte

ensuite des vêtements ordinaires dont elle sur-
charge cette singulière toilette.

Parmi les hommes, on nous fit remarquer un
poëte; il avait adressé les vers suivants à cette syl-
phide; ils nous ont paru plus bizarres que dénués
de bon sens :

> Les clinquants, les rubans,
> C'est une affaire souveraine;
> Les bijoux, les volants,
> Tout cela vous entraine :
> Esclave de quelques rubans,
> Madame, vous vous croyez reine.

Le Maine est peuplé de quantité de belles terres
qui ont toutes leur château plus ou moins historique; nous fûmes invités à y faire quelques excur-
sions. Nous nous plairons à citer celui de Coulans,
qui appartient à M. le baron Pasquier, frère de
l'ancien chancelier de France; il a été préfet du
Mans sous la Restauration. On ne sait ce qu'on doit
admirer le plus dans cette campagne, des mœurs
patriarcales de la noble famille qui l'habite, ou de
la beauté du site et des futaies séculaires du vaste
parc qui entoure le château. La pieuse famille y a
fait construire une chapelle où des tables de marbre consacrent le souvenir des ancêtres de cette
maison. Une belle copie de la *sainte Famille* de

Raphaël, dite de *François Premier*, est le principal ornement de l'autel.

La famille du baron captivait si bien notre esprit et notre cœur, que le jour que nous y fûmes pour y faire nos adieux, nous prolongeâmes notre visite si longtemps que, bien que nous eussions promis à Mme Migneret d'arriver assez tôt pour la soirée qu'elle donnait à l'occasion du Conseil général, nous rentrâmes si tard, qu'il me fut impossible d'avoir le temps de changer ma toilette de campagne en toilette du monde ; mais, comme un peu de curiosité est permise aux femmes, et que j'avais le désir de voir la société du Mans, je trouvai le moyen original de tout voir sans être vue, et de jouir de la soirée ainsi que dans un rêve : les femmes avec leurs fleurs et leurs parures élégantes, comme à Paris, m'apparaissaient à travers le prisme d'une glace sans tain.

Je distinguai entre toutes ma cousine, parée, quoique en deuil, avec un bon goût extrême, et faisant les honneurs des salons de la préfecture d'une manière toute gracieuse. La femme du président du Conseil général de la Sarthe, vive et charmante, animait la soirée de son esprit et de sa grâce ; l'aimable Mme R***, la piquante Mme A***, Mme la comtesse d'O*** avec ses deux jeunes personnes ; la femme du receveur général, dont la fille, svelte et

légère, a la taille d'une vraie nymphe. Quant aux
hommes, ils jouaient au whist, au billard, ou cau-
saient de politique, comme toujours. La représentation du département, soit au Conseil général, soit
à la Chambre, était réunie dans ces salons. Nous
nommerons MM. Grimault, de Beaumont, de Nicolaï,
le prince de Beauveau, le comte de Talouet, M. Hor-
tensius de Saint-Albin, conseiller à la Cour d'appel
de Paris, etc., etc.

A cette soirée se trouvaient aussi plusieurs personnes de Paris : M. de Riancey venait de visiter
la célèbre abbaye de Solesmes, dont nous parlerons
plus tard. M. Jules Desnoyers, bibliothécaire du
Jardin des Plantes, faisait dans la Sarthe une excursion archéologique. M. Chaix-d'Est-Ange venait
de faire le charme de la société du Mans par une
de ces spirituelles plaidoiries qui, bon gré, mal
gré, saisissent si bien son auditoire.

Les hommes d'élite qui entourent Mme Migneret
se plaisent à la seconder dans ses bonnes œuvres,
tous par leur zèle et leur esprit, quelques-uns par
leur fortune et par les divers moyens de succès dont
ils disposent.

La charité ingénieuse de Mme Migneret protége
tous les établissements de bienfaisance, et par ses
soins un ouvroir vient d'être fondé chez les dames
de la Providence, en faveur des jeunes filles pauvres

du département. On y a établi des métiers à dentelle à l'instar de ceux de Valenciennes, et les dames les plus élégantes y font des commandes : moyen ingénieux de faire absoudre le luxe par la charité.

Nous avons assisté à la distribution des prix dans la maison générale des religieuses de la Providence de Ruillé-sur-Loir. Cette maison a été érigée par Mme la supérieure, et le succès qu'elle a obtenu prouve qu'une volonté ferme et constante surmonte bien des obstacles.

La fête de la distribution des prix des dames de la Providence avait attiré un grand concours de personnes notables du département : on y voyait Mme la comtesse de Marescot, respectable veuve de l'illustre officier-général du génie, sous l'empire ; toute la famille de M. le marquis de La Roche-Bousseau, dont la belle-mère était de la maison de Bavière, et un grand nombre de dignes ecclésiastiques. Parmi les encouragements donnés aux jeunes élèves, on entendit avec intérêt le discours de Mme Migneret, qui reçut de toutes parts de sympathiques adhésions ; en voici quelques fragments qui intéresseront les mères de famille.

« ..... J'avais compris, mes enfants, que vos couronnes seraient bien méritées, et que, fière d'en orner vos jeunes fronts, je me reporterais avec bonheur vers un passé où, au milieu de religieuses dévouées comme celles qui sont ici, j'obtenais de semblables succès, et les jouissances qu'ils me donnaient n'ont pu être comparées à aucune autre.... Quelques-unes d'entre vous vont quitter cette maison ; j'aime à penser que celles-là y laisseront des regrets, et qu'elles en emporteront des souvenirs durables......; car ici, plus que partout ailleurs, on pourrait penser que c'est pour vous que Dieu a dit : « Je leur enverrai mes anges, de peur que leurs pieds ne se heurtent contre les pierres du chemin. »

Les jeunes pensionnaires jouèrent une petite pièce, à laquelle prirent part les spectateurs c'était le triomphe de la vertu en harmonie avec les convenances sociales, ce qu'on ne rencontre pas souvent sur nos théâtres de Paris.

Dans le temps que Mme Migneret couronnait les jeunes filles du couvent de la Providence, M. le Préfet, de son côté, présidait à la distribution des prix des colléges et des écoles du gouvernement.

Peu de jours auparavant, nous avions eu nous-mêmes, dans l'intérieur de la préfecture, une fête de famille à l'occasion de la croix d'honneur dont venait d'être décoré ce digne administrateur. M. de Monmerqué avait été chargé de recevoir le serment du nouveau chevalier : ces deux nobles cœurs, qui se comprenaient si bien, sous le même insigne de l'honneur, me rappelèrent les beaux temps de la chevalerie; cette belle époque de gloire, de délicatesse et d'insigne loyauté. Le préfet me pria d'attacher le ruban à sa boutonnière; le délégué du grand-maître lui donna l'accolade fraternelle; et ma cousine et moi, présentes à la cérémonie, nous suivîmes le même exemple par l'élan du cœur.

Mais reprenons le cours de notre promenade semi-officielle avec la femme du premier fonctionnaire du département.

Le lendemain de la distribution des prix, nous déjeunâmes au château de Mme de Marescot. Rien de plus pittoresque que le chemin qui conduit de Ruillé à Chalait : les maisons, les villas et les jardins semblent être suspendus sur les rochers; on y arrive par des sentiers ombragés et escarpés, ou par de magnifiques avenues pratiquées à grands frais, dans lesquelles l'art a lutté victorieusement avec la nature. Mais tandis que les demeures opulentes sont placées au sommet du rocher, sur la pente de la montagne vit une population d'ouvriers et de vignerons, dont toute la richesse consiste en quelques parcelles de terre disputées à la roche, et plantées de treilles qui entourent ces cabanes creusées dans le roc d'une couronne de pampres.

Le château de Mme de Marescot offre un point de vue très-étendu sur la vallée du Loir : il a des forêts à ses pieds et des forêts à son faîte; une belle allée

conduit à une serre renommée dans le pays par
sa prodigieuse élévation; elle est taillée dans le
rocher, et l'on peut y conserver en tout temps
les orangers de l'Italie, les grenades de l'Andalou-
sie et les arbres exotiques les plus rares. L'illustre
veuve du général a élevé à la mémoire de son époux
et de ses enfants une chapelle bâtie sur une petite éminence, non loin du château : ses touchants
regrets y ont préparé son propre tombeau à côté
de celui de son mari, et, dans l'attente du jour de
la réunion éternelle, elle vient chaque matin pleurer et prier au pied de l'autel funéraire, orné de
ses pieuses offrandes.

Ma cousine et moi nous avions donné rendez-vous
à M. Migneret et à M. de Monmerqué chez Mme la
marquise d'Argence, dont la famille était liée avec
celle de mon mari. Là, sans que je pusse m'en dou-
ter, m'attendaient de doux souvenirs d'enfance
dans une galerie du château, où nous conduisait
la marquise; mon cœur se sentit tout à coup op-
pressé à la vue de divers tableaux apportés d'Angoulême. Un moment je crus rêver; je portai la
main à mon front pour évoquer le passé, car je me
trouvais transportée, comme par magie, dans la
maison paternelle où j'avais vu, tout enfant, cette
série de tableaux et de portraits. Ma famille avait
loué à Angoulême l'hôtel d'Argence, où ces ta-

bleaux étaient toujours restés. Ayant perdu depuis quelques années mon vénérable père, ce souvenir me fut à la fois cher et douloureux : des larmes coulèrent de mes yeux ; la marquise m'embrassa, pleine de surprise, et elle partagea mon émotion sans en connaître d'abord la cause, car la sensibilité dans un cœur de femme est une des vertus les plus sympathiques !

Que de fois mes frères et moi nous étions passés, chantant, riant, sous ces images immobiles sur lesquelles le temps n'a aucun empire ! leurs regards semblaient me sourire comme alors ; et pourtant, depuis, que de battements de cœur, que de pensées, que de choses s'étaient succédé à travers les phases agitées de la vie !...

Le fils de la marquise, M. Edgard d'Argence, a rapporté de ses nombreux voyages une collection précieuse des diverses curiosités de chaque pays.

Ne quittons pas le Mans sans rendre un religieux hommage à sa cathédrale : je ne connais rien de plus élégant, de plus majestueux, qui parle plus à l'âme du chrétien, que la hardiesse de ses voûtes et tous les clochetons qui entourent son vaisseau. Cette église, sans être aussi renommée que celle de Chartres, n'en est pas moins digne de l'attention des connaisseurs et des artistes. Parmi les tombeaux de marbre qu'elle renferme, un mausolée, placé dans la chapelle de la Vierge, témoigne de l'habile ciseau de Germain Pilon. Il m'a toujours semblé que la prière s'élevait encore plus vers Dieu dans une vaste et antique cathédrale que dans nos églises modernes? l'aspect de ces voûtes élancées, ce jour mystérieux assombri par les vitraux de couleur, tout cela porte l'âme à se recueillir profondément et à prier?...

La modeste diligence du pays nous conduisit à Sablé, petite ville remarquable surtout par l'ancien prieuré de Solesmes, érigé en abbaye, et devenu en France le second berceau des enfants de saint Benoît. Nous y avons été reçus par le révérend père Guérenger, abbé crossé et mitré de la main du souverain pontife. Sa révérence, accompagnée de dom Fontaine, nous montra dans le plus grand détail les curieuses sculptures du seizième siècle qui décorent l'église, et sont connues sous le nom des *Saints de Solesmes*.

Les deux côtés de la croix de l'église sont occupés par deux chapelles, dont l'une surtout est très-remarquable : on y voit le Christ porté au tombeau. Les seigneurs de Sablé y sont sculptés en pied sous la figure des apôtres; le père abbé du temps est représenté *au vif* au nombre des assistants. Sur le devant de cette scène est la Madeleine, exténuée de douleur : ce n'est point celle de Canova, ni de

Guérard, types de l'idéale beauté aux formes si pures ; mais c'est une figure si vraie, si touchante, qu'on ne peut en détacher les yeux. On y voit aussi Jésus enfant, au milieu des docteurs, au moment où la Vierge, accompagnée de saint Joseph, revient pour le chercher ; l'expression de ces figures est calquée sur la nature. Il serait trop long de décrire tous les groupes qui font de cette église un des beaux monuments de la Renaissance.

Mon mari seul eut le privilége de visiter l'intérieur de la sainte maison. Deux heures ayant sonné, nous nous rendîmes à l'église, où nous assistâmes aux vêpres, célébrées suivant le rite romain, et chantées par les religieux. Cet office était très-solennel : c'était le jour de la Notre-Dame de septembre. On suivait le chant grégorien tel qu'on le pratique à Rome, avec des désinences différentes des nôtres. Le père Fontaine, cellérier, y remplissait la fonction de grand chantre ; deux autres pères l'assistaient au lutrin : un prêtre en chape officiait, ayant à ses côtés deux diacres revêtus de dalmatiques. Un frère-lai les avertissait à la manière du maître des cérémonies, dans nos usages ; aux *Gloria Patri* des psaumes, deux frères-lais, assis auprès des chantres, et vis-à-vis de ceux-ci deux jeunes thuriféraires en aube, se levaient et se tenaient inclinés pendant le chant du verset, puis

se relevaient au *Sicut erât* comme font les enfants
de chœur dans nos paroisses. Un court salut termina les vêpres et fut suivi de la bénédiction du
Saint-Sacrement. Il n'y a point de tabernacle sur
l'autel ; une custode, de la forme d'un Saint-Esprit
est hissée sous une cloche dorée soutenue par une
grande crosse pastorale ; c'est encore un usage
romain que l'on pratique dans plusieurs de nos
cathédrales, et particulièrement à Reims, où les
plus anciens rites ont été conservés. Ici tout portait
à Dieu ; lévites et assistants étaient recueillis, modestes, pieux, pénétrés de foi ; et on ne pouvait
s'empêcher de remarquer la différence des louanges
de Dieu psalmodiées par de vénérables solitaires,
ou par des chantres à gages.

Nous quittâmes cette abbaye en faisant des vœux
pour que ces savants bénédictins, débarrassés des
soucis et des soins matériels de la vie, puissent se
livrer sans obstacle à la continuation des travaux
ecclésiastiques, si glorieusement commencés par
leurs devanciers.

Nous avions été à Solesmes en suivant la rive
gauche de la Sarthe, mais, au retour, le père
Fontaine eut la complaisance de nous accompagner
jusqu'au bac, et nous revînmes par la rive droite.
Ce chemin est le plus agréable ; on prend un sentier
tracé dans la prairie, qui est dominée par une suite

de monticules formés par des carrières de marbre noir, dont l'exploitation est la principale richesse de Sablé. D'immenses fours convertissent en chaux hydraulique des débris de marbre qui semblent inépuisables. Une partie de ces carrières a été métamorphosée en un parc à plusieurs étages. Tantôt vous vous égarez dans de riants bosquets, tantôt vous vous croiriez sur la roche Tarpéienne, à soixante pieds au-dessus de la route ; de là vous descendez par des degrés rustiques, comme dans l'Enfer du Dante : seulement l'espérance n'est pas laissée sur le seuil ! Vous vous promenez ensuite dans un jardin obscur, où le soleil ne pénètre jamais ; on s'y repose sur des bancs de rochers à moitié écroulés, adossés à la carrière de marbre, et entourés de petits arbustes d'une verdure sombre et sévère. Ce parc extraordinaire appartient à M. Michel, banquier, qui ouvre avec beaucoup de complaisance son domaine de la Roche à la curiosité du touriste.

En sortant de ces lieux agrestes nous sommes montés au château de M. le marquis de Rougé. L'entrée, flanquée de vieilles tours, en atteste seule l'ancienneté. Torcy, gendre de Pomponne, a rebâti le château, sous Louis XIV. Sa situation est des plus belles ; il couronne une éminence escarpée qui domine le pays. La Sarthe passe à ses pieds qu'elle baigne dans les grandes eaux ; puis, embrassant une grande partie du parc par une gracieuse courbe, elle disparaît en fuyant à l'horizon. Les vastes appartements du rez-de-chaussée et du premier sont remplis de grands tableaux qui offrent toute la famille des Colbert, pour la plupart peints par Rigaud. Aux Colbert sont réunis les Arnauld : le docteur Antoine Arnauld, Arnauld d'Andilly son frère ; le sang coule dans leurs veines, on est frappé de respect ; mais rien n'est comparable au portrait de la mère Angélique : ces trois chefs-d'œuvre sont du meilleur temps de Philippe de Champagne. Ceux qui ont vu à l'exposition le portrait du frère Philippe, peint par Horace Vernet, pourront se faire une idée de la vérité de ce magnifique portrait de la célèbre abbesse. Enfin on y voit Arnauld de Pomponne, sa femme, et l'abbé Arnauld, le dernier rejeton de cette famille. Mme Louise, qui se fit carmélite, est peinte ici à l'âge de quatorze ou quinze ans, au milieu des fleurs. Le portrait de la belle Mme de Croissy attira aussi notre attention ; elle est représentée en Madeleine, enveloppée de ses longs cheveux. Au-devant du tableau sont placés un livre et une tête de mort. Ces sortes de symboles allégoriques, saints ou profanes, se reproduisent souvent parmi les dames de la cour de Louis XV. Le parc est, dans sa partie élevée, d'une très-grande sécheresse ; les rosiers de Bengale y végètent, mais l'aridité du sol y est rachetée par une vue riche et étendue.

Le Mans a donné naissance à des hommes remarquables ; nous nous plairons à citer le saint archevêque de Bordeaux, M. de Cheverus, que nous avons appris à vénérer dès nos plus jeunes années. La charité de ce digne prélat était inépuisable : un jour qu'il quêtait pour les malheureuses victimes du débordement du Tarn, il était alors évêque de Montauban, il entra dans la maison d'un protestant qui donnait une fête ; l'assemblée était nombreuse, on dansait. Soudain les violons se taisent, le bal est suspendu… L'évêque s'avance ; il demande pour le pauvre qui souffre au riche qui se réjouit : tout le monde s'empresse de remettre son offrande ; chacun a donné. Un des invités, témoin de cette scène inattendue, improvisa les vers suivants où il fait ainsi parler le prélat :

> Donnez à qui prie et demande ;
> Car, au seuil de l'Éternité,
> Il n'est qu'un mot que l'ange entende
> Et qui fasse ouvrir : Charité !

A Bordeaux, lorsque l'archevêque sortait, son secrétaire était chargé de la bourse des aumônes. Un jour un indigent tend la main : Donne, dit-il, une pièce d'argent. — Monseigneur, c'est un Juif.

—Dans ce cas, donne toute la bourse; et comment ferions-nous aimer la religion sans la charité?

A présent, nous disons adieu à la Sarthe pour nous diriger vers Laval, par où nous entrons en Bretagne. C'était le chemin pour nous rendre à Vitré. Nous avions depuis longtemps le désir de visiter *les Rochers*, ce lieu devenu si célèbre par le séjour de madame de Sévigné, et d'où sont datées tant de lettres qui font connaître, mieux que des plumes sévères, la brillante cour de Louis XIV, et toute cette époque si féconde en grands hommes et en grandes choses

Les journaux aujourd'hui nuisent au style épistolaire : le moyen d'envoyer à cent lieues de distance les anecdotes du jour, quand les mille et une voix de la presse publient chaque matin les nouvelles des quatre coins du monde, sans laisser à l'intimité des correspondances le soin de dévoiler le moindre de ces petits secrets que les femmes aiment tant à raconter!... Hélas! que de Sévignés nous ont fait perdre ces bruyantes et ambitieuses publications! Il est vrai qu'à cette époque la France n'avait ni Assemblée législative, ni Chambre avec ses discussions de tribune; mais elle avait ses salons, ses ruelles, ses alcôves et leurs spirituelles conversations.

Nous déjeunâmes à Laval : on nous avait vanté

son beau pont sur la Mayenne; il conduit à une promenade charmante, bordée à cette époque, à cause de la foire, de rangées de boutiques ombragées par de grands arbres.

Ces jolis bazars ambulants attirent la foule des dames qui y viennent faire le choix des nouveautés susceptibles de contribuer à leur parure.

Ce qui me charma le plus fut un magasin rempli de toute sorte d'objets en coquillages. Ces petits meubles, qui nous plaisent tant, étaient reproduits en légères coquilles : des fleurs, des boîtes à ouvrage, des pelotes, des aumônières, des bénitiers, des chapelles en miniature, etc. Tous ces jolis riens de dévotion et de fantaisie, que l'on ne voit presque jamais à Paris, me fournirent l'occasion d'emporter quelques souvenirs de la Bretagne, que je destinais à des amies.

Vitré est une des plus anciennes villes de cette province : elle a gardé ses vieilles maisons, ses vieilles coutumes et ses vieilles tours en partie écroulées.

Le peuple y a peu d'industrie; on y voit les femmes tricoter sur le seuil de leurs portes, à demi cachées sous les porches enfumés et rongés par le temps. Il était nuit close quand nous arrivâmes dans cette ville. On nous indiqua pour notre logis l'hôtel *Sévigné*, rue de Sévigné. Car ici tout est rempli d'un souvenir qui est la vie et l'illustration du pays. Nous

étions comme de zélés pèlerins recherchant les traces
et les vestiges de cette gloire de mon sexe et du cœur
des mères, et nous disions avec Tréneuil :

. . . . Cette femme immortelle,
Qui seule dans son art, sans rivaux ni modèle,
Puisa tout son génie au foyer de son cœur;
Et qui dans ses écrits, mère bien plus qu'auteur,
Consacrant à sa fille et ses jours et ses veilles,
Orna, sans y songer, le siècle des merveilles !

L'hôtel Sévigné est situé sur les anciennes forti-
fications de Vitré; il faut traverser plusieurs longues rues en pente et une vaste place pour y arriver : et quelle obscurité régnait dans ces rues
qui ne reçoivent de clarté que du ciel, quand il fait
clair de lune! mais ce soir-là la reine des nuits,
voilée par les nuages, ne laissait percer aucun de ses
rayons, et nous étions réduits à la douteuse clarté
de quelques bougies pieusement allumées par les
soins d'âmes zélées et ferventes; car dans ce pays,
très-dévot à la Mère de Dieu, on voit à la plupart
des maisons une statuette de la sainte Vierge qu'une
piété touchante se plaît à entourer de cierges bénits.

Dans le haut de la ville est un vaste terrain,
planté de hêtres séculaires, que l'on appelle *le
Parc;* tout auprès est une immense maison qu'on
prendrait pour un couvent en ruines : c'est l'an-

cien hôtel de la princesse de Tarente, appelé encore aujourd'hui la *maison Madame* ; la marquise de Sévigné venait souvent y visiter la princesse, et se promener sous ces beaux ombrages. Un bassin d'eau jaillissante occupait le centre de ces plantations : les eaux ont disparu, tout est maintenant négligé ; mais ces intéressants souvenirs vivent encore dans la mémoire de quelques anciens du pays, qui ne manquent pas de vous dire ce que leur père ou leur aïeul leur ont souvent raconté. Dans cette ville à demi morte la tradition seule est vivante.

Le but principal de notre voyage était de visiter la terre des *Rochers*, et le 13 septembre nous nous sommes acheminés vers ce château : nous étions accompagnés par un magistrat du pays, M. Duval, qui a bien voulu nous servir de guide dans cette excursion. Un très-beau chemin nouvellement tracé conduit aux Rochers. Nous entrons dans la cour d'honneur de ce joli château gothique, la porte nous est ouverte et nous en parcourons le rez-de-chaussée. Une salle à manger introduit dans un salon que décorent les portraits de la famille des Sévigné. En les voyant, nos souvenirs se reportèrent sur les beaux vers adressés par Mme d'Altenheym au consciencieux éditeur qui, dans son travail sur les lettres de Mme de Sévigné, a ouvert au grand siècle une vaste galerie

historique; on ne sera peut-être pas fâché de rencontrer ici cette pièce peu répandue :

Sur madame de Sévigné.

A M. DE MONMERQUÉ.

Ange des aimantes familles,
A son charme infini nous nous abandonnons;
Sa fille était aimée entre toutes les filles,
Et son nom sera grand entre tous les grands noms.

Cette femme si douce, et si vive, et si belle,
Au langage tendre et moqueur,
Vécut du souvenir qui la fit immortelle,
Et dans un seul amour répandit tout son cœur.

Sa grâce n'a rien de frivole;
Son sourire jugeait les peuples et les rois;
Et quand sa plume glisse et vole,
Un siècle tout entier passe au bout de ses doigts.

Et toi que sa mémoire en tes travaux anime,
Tu cherches, Monmerqué, pour embellir les arts,
De cet esprit de feu tous les rayons épars,
Ainsi que d'un grand saint la relique sublime;

Et nous t'applaudissons, car tu fais comme Herschell,
Lorsque du firmament il lève un nouveau voile,
Et qu'il enrichit d'une étoile
Les trésors radieux du ciel.

Nous continuons avec une curiosité attentive

l'examen de cette demeure consacrée par un si grand nom : la chambre, le lit, les meubles, le secrétaire, l'écritoire, tout s'y retrouve, excepté la plume : c'est pourtant la seule chose que j'aurais enviée que cette plume !...

Nous nous sommes agenouillés sur les marches de la chapelle bâtie par l'abbé de Coulanges, le *bien bon*, ainsi que l'appelait la marquise. Ce petit édifice, de forme octogone, est élégant, noble, gracieux, comme tout ce qui porte le cachet du siècle de Louis XIV; le tableau du maître-autel représente l'*Annonciation*, mais on a soigneusement fait disparaître l'inscription que Mme de Sévigné y avait fait tracer :

SOLI DEO HONOR ET GLORIA.

Le croirait-on? des esprits prévenus y ont vu un penchant vers la réforme : c'était pour eux la négation du culte par lequel l'Eglise honore la mémoire des saints.

De la chapelle on passe dans le jardin disposé en terrasse sur les rochers du côté de l'arrivée. Au bout du parterre est la place Coulanges, dont Mme de Sévigné a parlé dans ses lettres : « On soupe pendant l'entre chien et loup. Je retourne à la *place Coulanges*, au milieu de ces orangers. Je regarde d'un œil d'envie la sainte horreur (*des bois*)

à travers la belle porte de fer que vous ne con-
naissez point. » (*Lettre à M*ᵐᵉ *de Grignan du* 29 *juin*
1689.) C'est encore dans cet endroit que les orangers
du château sont rangés sur deux lignes. J'ai cueilli
une feuille de l'un de ces arbres que l'on m'a assuré
avoir été cultivé par la châtelaine des Rochers, et
j'en ai fait hommage à l'éditeur de ses lettres. La
place Coulanges est séparée du terrain de l'ancien parc par un mur demi-circulaire, et l'on voit
dans cet hémicycle deux carreaux de marbre gris,
qui désignent la place d'où l'on peut interroger le
fameux écho qui a si souvent répété le nom de la
plus belle *fille de France* ; il le redit encore quand
on l'en prie ; que de fois Mᵐᵉ de Sévigné lui a fait
rompre le silence ! car elle le connaissait bien, témoin
cette lettre du 26 octobre 1689, où elle écrit à sa
fille : « Vous m'avertissez quelquefois de ne dire
certaines choses qu'aux échos ; vraiment je me garderai bien de leur confier la moindre chose ; nous
en avons un dans cette place Coulanges, qui est
comme celui de La Trousse, et qui est petit re-
diseur mot à mot, jusque dans l'oreille. » En effet,
on croirait entendre une ombre errante qui répond
du centre de la terre, et tourne autour de vous,
comme cherchant à en sortir. Je ne sais rien de plus
merveilleux que le prestige de cette voix. On éprouve
le regret de ne plus voir ce jardin se prolonger dans

le grand parc que la marquise aimait tant. Tous ces beaux arbres ont été abattus, l'espace seul est resté...

Ce Mail qu'elle animait de son âme, de ses pensées, de tout elle-même ; ce Mail qu'elle avait fait planter en grande partie, et auquel elle avait donné les noms des personnes dont elle s'occupait le plus ; ces six nouvelles allées que ne connaissait pas sa fille, et dans lesquelles elle la voyait toujours et l'appelait sans cesse ; ce Mail où son imagination fantastique créait tant de figures aériennes ; ce Mail, qui lui a inspiré tant de pages ravissantes ; ce Mail n'existe plus, hélas !... Mais les lettres qui en rappellent le souvenir vivront toujours : nous citerons ici un passage de la lettre du 12 juin 1680.

« L'autre jour on vint me dire : Madame, il fait chaud dans le Mail ; il n'y a pas un brin de vent ; la lune y fait des effets les plus plaisants du monde. Je ne pus résister à la tentation ; je mets mon infanterie sur pied ; je mets tous les bonnets, coiffes et casaques qui n'étoient point nécessaires, je vais dans ce Mail dont l'air est comme celui de ma chambre ; je trouve mille coquesigrues, des moines blancs et noirs, plusieurs religieuses grises et blanches ; du linge jeté par-ci, par-là ; des hommes noirs, d'autres ensevelis tout droits contre des arbres, de petits hommes cachés qui ne montroient que la tête, des prêtres qui n'osoient approcher.

« Après avoir ri de toutes ces figures et nous être persuadés que voilà ce qui s'appelle des esprits, et que notre imagination en est le théâtre, nous nous en revînmes sans nous arrêter et sans avoir senti la moindre humidité. »

Certes, voilà les effets d'un clair de lune peints de la manière la plus pittoresque, ils ne peuvent que redoubler les regrets des visiteurs.

En apercevant les tourelles du château, M. de Monmerqué s'était senti tout ému : il avait reconnu le manoir de la souveraine de ses pensées; les pierres, les arbres, tout lui parlait; il entrait, lui aussi, dans cette cour d'honneur où tant d'illustres personnages de sa connaissance étaient venus rendre hommage à la reine du style épistolaire. On nous introduisit dans ce même salon où tant de fleurs de courtoisie et d'esprit avaient été effeuillées ; mais tandis que M. le procureur de la République de Vitré, qui nous servait de *cicérone*, me faisait remarquer le paysage où l'on découvre le joli clocher d'Etrelles, où Mme de Sévigné allait à la messe paroissiale, et le château d'Argentré habité autrefois par Mlle Duplessis, aux dépens de laquelle la spirituelle marquise a si souvent égayé sa plume ; le fidèle interprète, conduit par son inspiration, se recueillait devant un magnifique portrait : il le con-

templait avec bonheur ; c'était *Elle* en habit de cour,
parée de perles et de fleurs ; elle dans tout l'éclat
de la fraîcheur, de la grâce et de la beauté ; oui,
c'était bien cette physionomie fine, vive et doucement enjouée, que l'on aime et que l'on admire. Je
crois, en vérité, que la toile s'est animée et que
cette charmante tête a fait un signe de reconnaissance à l'admirateur, venu en pèlerinage aux Rochers, comme les bons musulmans vont à la Mec-
que, une fois en leur vie ! Les femmes, même au
delà du tombeau, sont sensibles au dévouement
qu'elles inspirent !

J'étais fière d'une telle rivale, en songeant à
l'aimable rapprochement fait par Mme d'Altenheym qui m'écrivait, le jour même de mon mariage, « que les deux rêves de la vie de M. de Monmerqué avaient été Mme de Sévigné et Mme de Saint-
Surin. »

Le propriétaire des Rochers est allié par ses ancêtres à la famille de Sévigné ; on doit lui savoir gré
de la complaisance avec laquelle il laisse visiter le
manoir gothique par les étrangers : c'est un hommage rendu à son illustre parente ; mais cet héri-
tage de gloire n'en est pas moins un assujettisse-
ment qui peut quelquefois devenir importun.

Comme je lisais ces lignes au biographe de la
marquise, il me raconta une petite anecdote qui

m'a paru assez gaie, à cause du sérieux avec lequel le narrateur avait pris la boutade suivante.

Dans le désir de s'entourer de tous les documents qui pouvaient le mieux compléter son travail, lorsqu'il publia sa belle édition des lettres de Mᵐᵉ de Sévigné, M. de Monmerqué écrivit aux Rochers pour s'informer si l'on pourrait lui fournir quelques renseignements nouveaux et inédits, une date précise, l'indication d'un personnage que l'on croit deviner, un nom que l'on peut citer dans une note à la place d'une lettre initiale... toutes choses qui ont tant de prix pour un éditeur passionné.

Les Rochers étaient alors habités par le vieux marquis des Nétumières, qui dans son temps avait réuni toutes les qualités d'un gentilhomme brave et galant; mais l'âge et les infirmités avaient un peu gâté sa belle humeur. Quand il reçut la lettre que M. de Monmerqué lui adressait, il lui répondit qu'il avait assez affaire de s'occuper de sa goutte, sans se fatiguer à rechercher les paperasses de sa *vieille cousine*.

A ce mot, qu'on juge de la stupéfaction de l'académicien qui a élevé un monument si durable à la femme la plus spirituelle du grand siècle !

Le marquis avait pour belle-fille une des belles personnes de la Bretagne : voici quelques vers adressés à cette dame par M. Louis Dubois, alors sous-préfet de Vitré, en lui dédiant son opuscule sur les Rochers.

A madame la marquise de Nétumières.

Vous qui réunissez esprit, charme, beauté ;
Vous qui n'affectez pas la sensibilité ;
Qui parez des *Rochers* l'élégant ermitage,
Son parc si gracieux, son château si vanté,
Où tout retrace encore à notre œil enchanté
L'âme de *Sévigné*, ses travaux, son passage,
Daignez avec bonté recevoir mon ouvrage.
Il est bien sérieux, je n'ose le nier,
Et je crains qu'en lisant ces *Recherches Nouvelles*
Vous ne me compariez au grave douanier,
Chargeant d'un plomb pesant de légères dentelles ;
Mais l'indulgence est propre à votre esprit bien né ;
Mais mon hommage est dû, comme il est décerné,
A celle qui de fleurs semant aussi ses traces,
      De notre illustre *Sévigné*
Embellit le séjour et rappelle les grâces.

On voit par ces vers que les *Rochers* ont continué d'être habités par des femmes distinguées par leur esprit et par leur beauté.

Avant que le touriste quitte ce lieu, on a l'attention de lui présenter un album sur lequel se trouvent inscrits les noms de ceux qui ont fait le même pèlerinage ; on peut bien s'imaginer que cette liste est longue, cependant on y voit le passage de plus de

curieux inconnus que de personnages devenus célèbres, la majorité est là comme partout ailleurs.
Voici un quatrain signé de Beaumont; sera-t-il re-
vendiqué par le représentant de la Sarthe?

O noble Sévigné! qu'il m'est doux, en notre âge,
A ton sublime esprit de venir rendre hommage;
D'honorer ton grand cœur d'un souvenir pieux,
Et d'admirer tes traits conservés en ces lieux!

Après M. de Monmerqué, qui rendit un hommage
sérieux à l'illustre marquise, je pris à mon tour la
plume pour saluer cette femme, toujours présente
à la pensée dans cette solitude toute remplie de
son souvenir :

Je m'incline sous ce portique
Où vit son souvenir puissant;
Car dans ce séjour romantique
Pour elle un cœur de femme est plus reconnaissant.
Gloire, amour à la noble dame
Qui plane sur cette hauteur!
On croit encore y trouver l'âme
Et de la mère et de l'auteur.

Nous remontâmes en voiture pour retourner à
Vitré, où nos places étaient arrêtées pour Rennes.
Nous avons visité dans cette ville les monuments
les plus remarquables, entre lesquels se distingue
le vaste palais de granit, siége de l'ancien parle-

ment de Bretagne. C'est surtout l'intérieur que l'on admire ; les salles, dont plusieurs peintes par Jouvenet, resplendissent de dorures ; on se croirait dans les appartements de Versailles. La salle des Pas-Perdus occupe au premier étage tout le devant du palais : le plafond en voussure offre les armoiries de France et de Bretagne, les fleurs de lis mariées à l'hermine ; tout dans cette ville, comme dans cette province, respire encore la reine Anne, cette duchesse souveraine, femme de deux de nos rois, qui réunit cette belle province à la couronne de France.

Je n'oublierai jamais la noble réception faite à mon mari par MM. Delamarre et Bernhart, conseillers à la Cour de Rennes, en l'introduisant dans la belle bibliothèque de leur compagnie. Ces magistrats se comprenaient et ils ne s'étaient jamais vus.

Rennes a une belle promenade publique, un peu montueuse, ce qui lui a fait donner le nom de *Mont-Thabor*. M. Bernhart eut la complaisance de nous y accompagner. Du parc on entre dans le *Jardin des Plantes*, où les fleurs rivalisent avec les productions exotiques et médicinales.

Après avoir passé deux jours à Rennes, où nous eûmes le plaisir de rencontrer Mme Galzain, femme de l'ancien préfet de la Charente, la spirituelle nièce de M. de Kératry, nous partîmes de grand matin pour nous rendre à Caen. Nous aperçûmes au milieu de la course la pittoresque petite ville de Fougères, suspendue à la cime d'un rocher, comme un nid d'aigles.

Dans chaque interstice du roc on voit pousser des arbustes et d'énormes touffes de fleurs et de plantes grimpantes, qui forment une ceinture de verdure à ces vieilles murailles crénelées et noircies par le temps. Fougères est une des plus anciennes villes de la Bretagne ; la plupart des maisons y sont bâties en granit, ce qui ajoute beaucoup à l'effet magique du coup d'œil. Pour arriver à Caen il faut traverser Vire, le berceau du vaudeville. On doit à un simple foulon de ce pays les premiers couplets de ce genre léger, gracieux et doucement épigrammatique ; il se nommait *Olivier Basselin*. Ne pourrons-nous pas dire dorénavant :

« Le Breton, né malin, créa le vaudeville? »

Nous entrons dans la ville de Caen, spacieuse cité, dont un grand nombre de maisons sont construites en bois artistement sculpté ; les rues y sont longues, étroites et noires ; on s'y croirait encore au temps des vieux chevaliers normands, tout bardés de fer. Les vastes champs clos propres aux tournois ne leur manqueraient pas.

Nous avons traversé une immense prairie, l'une des plus belles, des plus vastes et des plus fertiles de toute la Normandie; on l'appelle *le Pré des Ebats*, parce qu'elle sert de théâtre aux fêtes publiques; on voit à travers ces pâturages, la nuit et le jour, une quantité prodigieuse de bestiaux admirables de force et de vigueur. La rivière de l'Orne, qui la borde, entretient la fraîcheur et la fécondité dans cette plaine verdoyante qui s'étend à perte de vue : rien ne donne une idée plus exacte des qualités nourricières du sol de la Normandie que l'aspect de ce bel herbage, où l'œil se repose avec complaisance sur un tapis vert, inondé de fraîcheur et de lumière!

Allez voir ce magnifique spectacle, voyageurs parisiens, et vous connaîtrez tout ce que la nature offre de plus merveilleux à des enfants favorisés; puis rentrez dans la cité sombre, et parcourez-en les places, les faubourgs, les divers quartiers, et recueillez par la pensée les souvenirs historiques qui y fourmillent. L'un des plus récents, et qui nous a touchés le plus, est celui de la belle Charlotte Corday d'Armont, de la famille du grand Corneille, et l'une des gloires de notre sexe pendant les jours désastreux qui ont désolé la France.

Nous avons visité la maison où la jeune héroïne a passé ses premières années près de sa tante, Mme de Bretteville; nous avons vu la cour solitaire où elle allait rêver, en compagnie de ses livres de prédilection, au projet terrible qui fermentait dans son âme

courageuse ; nous avons vu l'église où, dirigée par
un respect filial qui contrastait d'une manière touchante avec ses pensées d'héroïsme et de dévouement à la patrie, elle conduisait tous les matins sa
pieuse tante.

Une de ses amies d'enfance, Mlle de Faudras,
ayant été victime de la Révolution, Charlotte com-
mença à prendre en horreur ceux qui abusaient si
cruellement du pouvoir. Quelques députés de la
Gironde s'étaient réfugiés à Caen ; de ce nombre
était le jeune Barbaroux, qui éprouva une profonde sympathie pour la belle Charlotte : «Sans une
nouvelle Jeanne d'Arc, dit-il un jour en sa présence,
c'en est fait de la France! » Ces mots réveillèrent
dans le cœur de la descendante de Corneille une
exaltation héroïque ; elle forme aussitôt sa résolu-
tion, ne communique son projet à personne, part
pour Paris, descend rue des Vieux-Augustins,
à l'hôtel de la Providence ; et, comme si elle eût été
elle-même un instrument de la Providence, nouvelle
Judith, elle se rend chez Marat, et frappe avec une
fermeté surnaturelle l'assassin de ses amis et l'horreur de la France. Tout le monde sait le courage
qu'elle déploya en montant sur l'échafaud.

Un jeune homme, Adam Lux, envoyé de Mayence
à la Convention, la voyant si touchante, si résignée
et si belle, se sentit soudain enflammé d'une passion

ardente, et il offrit de mourir pour elle ; son dévouement fut rejeté, mais il n'échappa point lui-même
au trépas des martyrs de 93 ; car ayant osé faire la
proposition hardie d'élever une statue à Charlotte
Corday, avec cette inscription : *Plus grande que
Brutus*, déclaré coupable comme elle, il la suivit de
près aux pieds du juge suprême !...

Une des sources de la richesse de Caen est le beau
canal qui réunit cette ville à la mer par la rivière de
l'Orne. On le voit sillonné de bateaux à vapeur qui
ressemblent à de petits vaisseaux. Chacun de ces bâtiments est placé sous le patronage d'un nom gracieux : nous y lisions avec plaisir ceux de personnes
qui nous sont chères *Victorine, Gabrielle, Céline,
Marie, Edouard, Rosa, Henry;* cependant l'égide de
ces noms si doux ne nous a pas garantis du cruel
mal de mer, qui est bien le mal le plus atroce que
je connaisse.

La ville de Caen possède un assez beau Musée :
on y admire surtout le *Mariage de la Vierge*, tableau capital du Pérugin, qui est encore un reste
de nos conquêtes ; elle possède aussi une bibliothèque importante. M. Trébutien nous en fit les honneurs avec une aménité toute particulière ; un poëte
connu, M. Alphonse Le Flaguais, partage avec lui,
sous M. Mancel, le soin de cette vaste bibliothèque.
Nous l'avions déjà vu à Paris, où il venait chercher

des inspirations pour ses jolies poésies : nous citerons le sonnet adressé à l'auteur de *Clytemnestre*,
d'Elisabeth, *de Jeanne d'Arc*, *de la Divine Epo-
pée*, etc., etc.

A Alexandre Soumet.

A toi vainqueur, à toi notre encens le plus pur ;
Au pied de ton autel les palmes et les lyres ;
A toi tous les transports, les honneurs, les sourires,
A toi l'onction sainte et le règne futur !

L'abime ténébreux, l'éblouissant azur,
A ton aigle ont ouvert leurs magiques empires :
Et l'on dirait que Dieu, miroir où tu t'inspires,
T'a confié le mot de son mystère obscur.

Dante, Milton, Soumet, Trinité du génie,
Unissent leur splendeur dans un ciel d'harmonie :
Les siècles béniront ces élus triomphants !

Gloire à toi ! gloire à toi, chantre de l'espérance !
La France jusqu'alors couronnait ses enfants,
Mais aujourd'hui, c'est toi qui couronnes la France !

Il est impossible de s'occuper de Caen, sans parler
à nos lecteurs de l'abbaye de Saint-Etienne, dont
l'église a été bâtie par Guillaume le Conquérant.
C'est l'art roman dans toute sa hardiesse et sa première simplicité. Guillaume a été inhumé au milieu
du sanctuaire. Le portrait en pied du conquérant
de l'Angleterre décore la sacristie.

L'église Saint-Pierre est du plus beau gothique fleuri, avec ce luxe de clefs de voûte en pendentifs, d'une élégance que nous avions déjà remarquée à la Ferté-Bernard, en entrant dans le département de la Sarthe. L'abside de cette belle église est d'une architecture plus moderne que le reste ; elle tient le milieu entre le gothique et la renaissance.

A quelques lieues de Caen, nous avons visité Bayeux, ville ancienne et siége d'un évêché. Le vaisseau de sa cathédrale surpasse tout ce que nous avions vu de magnifiques églises jusqu'alors. On descend dans la nef par plusieurs degrés, ce qui est l'un des caractères des plus anciennes basiliques.

Dans le joli petit Musée de Bayeux, ce que l'on remarque le plus, est la fameuse tapisserie de la reine Mathilde. Les Anglais sont très-jaloux de ce trésor, qui reproduit jour par jour, en broderies de différentes couleurs, la conquête de l'Angleterre par Guillaume. Les costumes du temps y sont retracés avec assez d'exactitude ; mais à part la représentation de ces anciens temps, et la couleur locale, il n'y faut chercher ni correction du dessin, ni expression des figures. Nouvelle Pénélope, la reine Mathilde n'a rien oublié des exploits de son illustre époux, et ce monument a été durable, car la fidèle et laborieuse princesse ne défaisait pas durant les nuits les travaux de chaque jour.

Tout ce siècle de guerres et de triomphes des Normands a trouvé son historien et son peintre dans l'amour conjugal d'une reine. Et quelle patience, grand Dieu ! n'a-t-il pas fallu à la royale artiste pour mettre à fin un travail qui n'a pas moins de cent vingt mètres de longueur ! Cette tapisserie, que l'on a vue à Paris, où elle fut exposée dans la galerie d'Apollon, a été montée avec beaucoup de soin dans une immense armoire en ellipse à verrines, qui laisse voir le curieux monument dans toute son étendue.

Après avoir rendu l'hommage d'un vif intérêt à cet ouvrage singulier de la laborieuse princesse, nous nous dirigeâmes vers le château de la Bretonnière, commune d'Ecrammeville, dans la basse Normandie. Nous y étions attendus par la famille charmante de M. A....., ancien député de la Charente, qui y réside pendant une partie de l'été avec ses enfants. Que l'on se figure la vie la plus patriarcale que le dix-neuvième siècle puisse produire ; vertus et nobles habitudes du temps passé, mêlées aux grâces et au savoir du temps présent, et on aura une fidèle idée de l'agrément de cette habitation.

L'amitié et les arts s'y donnent rendez-vous pour doubler l'existence de ses habitants qui savent y offrir une hospitalité somptueuse et simple à la fois ; chacun pourrait s'y croire chez soi, effet bien rare produit par la vigilance active de la maîtresse de la maison, qui, comme un ange tutélaire, voit tout, dirige tout, sans qu'on puisse s'apercevoir du secret de son aimable magie.

Nous passions une partie des après-midi à faire de longues promenades dans les campagnes des environs : la Normandie, quoiqu'un peu monotone dans ses paysages, offre une prodigieuse quantité de vieux châteaux et de riches domaines. Ses pâturages sont regardés comme les meilleurs de la France. C'est près d'Ecrammeville que nous avons visité la jolie ville d'Isigny, dont le beurre est si connu par son exquise qualité. Cette cité est aussi un petit port de mer où nous vîmes expédier une grande quantité de cet excellent beurre dans des vases de grès, de forme arrondie, qui rappellent, de loin, en y mettant un peu de bonne volonté, les formes des vases étrusques retrouvés à Herculanum.

Nous allâmes déjeuner à Vierville, chez M. de L..., noble gentilhomme, qui nous reçut avec toute l'urbanité de l'ancienne politesse.

Nous vîmes chez M. de L..., dans la chambre de son fils, un joli coffret en marqueterie, destiné à servir d'écrin, qui avait été donné aux nouveaux époux par la jeunesse du village. C'est un ancien usage dans la Normandie d'offrir des présents au jeune couple. Les habitants du village ont coutume de se réunir la veille du mariage et d'apporter en cortége un charmant emblème à la mariée ; tantôt un bel agneau, tantôt des colombes, qui, par leur blancheur et leur douceur, parlent naïvement de ces vertus à la jeune fiancée. Ces dons symboliques sont accompagnés d'un autre présent de plus ou de moins de valeur, comme une pendule, une cassette, un vase de fantaisie. Alors les mariés, pour reconnaître dignement ce souvenir, font largesse aux villageois, et de part et d'autre la joie est commune. Ces offrandes rappellent les mœurs du moyen âge dans ce qu'elles avaient de plus touchant ; elles réunissaient le château à la chaumière, le pauvre au riche, non par cette égalité forcée où les diverses classes de la société, mises violemment en présence, se trouvent également blessées dans leurs intérêts ou dans leur vanité, mais par cette bienfaisante charité, cette mansuétude évangélique, qui a reçu d'en haut la mission de tout concilier ici-bas.

Le village de Vierville possède une église dont on admire la flèche gothique. La mer baigne le pied du château, dont l'aspect sauvage n'est pas sans agrément ; on se croirait à mille lieues de Paris, dans une île déserte entourée de rescifs sur lesquels les flots viennent se briser en murmurant ; on découvre du haut des falaises une grande étendue de mer, et après le reflux on se promène à leur pied sur un sable aussi doux que le velours. A peine si quelques barques de pêcheurs attardés s'aperçoivent à l'horizon, sur cet Océan souvent orageux ; la tristesse de ce spectacle ajoute à sa beauté, et l'on élève ses pensées mélancoliques vers Dieu, dont l'immense grandeur est comme figurée par l'immensité des eaux.

A deux lieues de Vierville on rencontre l'ancien château d'Anglesqueville, appartenant à M. de Faudoas. Une longue avenue conduit aux falaises couronnées par l'ancien donjon en ruines qui autrefois a dominé la mer. De là nous allâmes à Grand-Camp, petit port qui contribue à l'alimentation des halles de Paris ; nous arrivâmes au moment du départ des pêcheurs ; rien de plus intéressant que ce tableau de genre qui rappelait naturellement à nos souvenirs le dernier chef-d'œuvre de l'infortuné Robert.

Les femmes sur le rivage disent adieu à leurs époux, à leurs pères, à leurs frères, à leurs fils ; quelques cœurs prononcent tout bas peut-être de discrets adieux, et éprouvent en secret des craintes qu'ils n'osent témoigner ; mais tout le monde s'occupe, s'agite, forme des vœux, remplit les bateaux de vivres

et de filets; car ce voyage périlleux dure quelquefois
plusieurs jours. A un signal donné, les barques,
lancées dans les flots, partent toutes à la fois, et,
voiles déployées, elles vont tenter la fortune en
chantant un pieux cantique à Marie, l'étoile de la
mer.

Nos aimables hôtes avaient acquis depuis peu le
château de Vaubadon; il fut résolu qu'on irait le visiter. Le génie familier de la Bretonnière, à qui
rien n'est impossible, avait fait préparer une col-
lation splendide dans ce beau lieu, aujourd'hui in-
habité; on pouvait croire à un coup de baguette
de fée! Cette vue ranima la gaieté des promeneurs
fatigués, et l'on fit honneur au déjeuner. Les con-
vives étaient au nombre de plus de vingt; le respectable curé vint ajouter par sa présence à la satisfaction générale.

A peu de distance de Vaubadon se trouve la terre
historique de Balleroy.

Le château de Balleroy a été bâti sous Louis XIII,
par M. de Choisy, chancelier de Gaston, duc d'Orléans. C'est un édifice en pierre et en brique, dans
le style de la place Royale de Paris. Le vaste parc
offre encore une admirable allée de vieux hêtres,
qui a plus de deux siècles. Cette noble demeure
a été visitée par le chancelier Séguier, alors
qu'investi d'une immense autorité, il eut la pénible

mission de mettre fin aux troubles causés par les *Pieds-nus*. Tout parle ici de Louis XIII. Le roi, peint en pied, décore la cheminée du salon d'honneur. Gaston, frère de Louis XIII, Anne d'Autriche et ses enfants en sont ensuite les principaux ornements.

On y a ajouté depuis quelques personnages de la cour de Louis XIV, entre autres Mme de La Vallière, Mme de Montespan et Mme de Maintenon, représentées sous des formes mythologiques. La plupart de ces peintures sont dues au pinceau de Mignard.

En venant à Balleroy, nous étions passés devant le château du comte de Chabrol, fils de l'ancien ministre, ancien ami de mon mari. Il venait de marier ses deux filles à deux frères, les comtes d'Indy ; hélas ! quelques mois se sont à peine écoulés, et l'une de ces deux charmantes sœurs a perdu la vie en donnant le jour à un fils...

Pendant notre séjour à la Bretonnière, on y célébra les noces d'une jeune fermière, filleule de Mme la vicomtesse de P..... La marraine fit présent à la mariée d'une de ces hautes coiffes normandes que, par une singularité étrange, on appelle des *Bourgognes*, à moins que ce nom n'ait son origine dans le hennin des anciennes châtelaines de cette province. Cette coiffure, garnie de dentelles flottantes, a quelquefois une valeur qui formerait une jolie dot à nos paysannes du Midi.

Ce n'était à la Bretonnière qu'une succession de bienfaits : le jour de la première communion des enfants étant arrivé, tous furent habillés pour cette fête solennelle par la dame châtelaine, que l'on peut nommer la Providence du pays. Après la pieuse cérémonie, ils se rendirent en procession auprès de leur bienfaitrice. Une légère indisposition m'avait retenue dans ma chambre ; tout à coup de fraîches voix, mélodieuses, comme si elles venaient du ciel, se font entendre dans la longue avenue. Attirée par ces chants, je me mets à la fenêtre, et je vois se déployer des deux côtés de l'avenue, sous les chênes séculaires, les bannières des enfants de la première communion : rien n'était plus attendrissant que ce religieux tableau. Le vénérable curé, marchant à la tête du jeune cortége, porta la parole au nom des enfants. Je ne pus m'empêcher d'être émue et de mêler de douces larmes à celles que la reconnaissance leur faisait verser. Une vaste table, dressée dans la grange, fut abondamment servie pour le repas fraternel de tous ces jeunes chrétiens, et la journée se termina, gracieuse et paisible, comme sont toutes les fêtes de la religion et du cœur.

Nous menions à la Bretonnière une vraie vie de

château; tous les jours étaient remplis par la promenade, les causeries, la lecture des journaux et des revues que l'heure du courrier nous apportait de Paris; joignez-y quelques visiteurs des habitations voisines, MM. les curés des communes limitrophes, M. Bouniceau, l'habile ingénieur auquel le département du Calvados est redevable de ses belles routes, et des importants travaux de l'embouchure de la Vire, destinés à reconquérir de vastes terrains que la mer menace continuellement d'envahir. M. le comte de Nettancourt vint nous y offrir son poëme du *Jugement dernier*.

A la distance de deux kilomètres de la Bretonnière, on voit le champ où, en 1450, fut livrée la bataille de Formigny, dernier et victorieux effort des Français pour repousser la domination anglaise. En mémoire de ce grand événement, une chapelle fut élevée par Charles VII, à la sortie du bourg de Formigny.

Conservé par les soins de l'honorable famille A..., ce petit édifice gothique a été offert par elle au roi Louis Philippe, qui l'a fait restaurer. Ce monument transmettra aux âges futurs un précieux souvenir qui est aussi consacré par une borne milliaire posée sur la route aux frais de l'honorable M. Lair, de Caen, ce noble ami des lettres, qui fit frapper, en

1815, la belle médaille de Malherbe avec l'exergue emprunté de Boileau : *Enfin Malherbe vint...*

Une rencontre de voyage très-agréable fut celle de M. le président du tribunal et de la Société littéraire de Bayeux ; il fit hommage à M. de Monmerqué de quelques-uns de ses ouvrages sur l'histoire de la magistrature et les antiquités de la Normandie. Car M. Pezet, magistrat distingué, s'occupe aussi de mettre en lumière les monuments dont quelquefois des fouilles heureuses amènent la découverte.

Nous avons emporté, de notre séjour en Normandie, un souvenir que rien ne pourra effacer, et dont les habitants du château de la Bretonnière auront la meilleure part.

Pour varier notre itinéraire, nous résolûmes de nous embarquer à Caen et de retourner à Paris par le Havre et Rouen.

La première de ces deux villes n'offre guère à la curiosité du voyageur que son port, ses bassins et ses nombreux bâtiments de commerce, le pèlerinage de Notre-Dame de Honfleur, les deux phares et le joli coteau d'Ingouville, tout couvert de villas qui dominent la cité, et, semblant sortir du milieu d'une corbeille de verdure, présentent au coup d'œil un panorama charmant.

Il me tardait d'arriver à Rouen, dont on m'avait

vanté les belles églises. Aussi notre premier soin, en arrivant dans cette capitale de la Normandie, fut-il de visiter la cathédrale gothique dont le portail fameux est encore si remarquable, malgré les ravages exercés par les huguenots, sous le règne de Charles IX.

L'ancienne flèche, frappée de la foudre il y a peu d'années, a été remplacée par une flèche en fonte qui n'empêche pas de regretter la magnifique aiguille en dentelle de pierre qu'elle a remplacée. L'intérieur de l'église le dispute à nos plus beaux édifices gothiques, et ce qui est surtout digne d'admiration, c'est le tombeau du cardinal d'Amboise, dont la conservation, après tant d'événements, semble presque miraculeuse.

L'église de l'abbaye de Saint-Ouen est d'une hardiesse d'élévation qui n'offre, à Paris, aucun point de comparaison. Cet édifice manquait de portail; on en bâtit un nouveau sur d'anciens plans; il est tellement dans le style de cette belle église, qu'il se confondra avec elle dès qu'il aura reçu du temps une teinte uniforme.

Les bâtiments de l'abbaye de Saint-Ouen contiennent la mairie, le musée et la bibliothèque, riche en précieux manuscrits et en livres imprimés.

Le Palais de Justice, bâti sous Louis XII par le cardinal d'Amboise, ne présentait que la forme de

l'équerre ; il avait suffi au Parlement de Normandie.
Depuis la première révolution, il était partagé entre
le Tribunal de première instance et la Cour d'appel.
Il vient d'être complété, de sorte que la Cour y sera
convenablement établie. Il forme maintenant un
carré long, dont la partie nouvelle, du même style
que l'ancienne, ne se distinguera bientôt plus de
celle qu'avait occupée l'ancien Echiquier. Il ne
reste qu'un vœu à former : c'est que la ville de
Rouen s'impose les sacrifices nécessaires pour dé-
gager enfin ce magnifique monument des édifices
privés qui l'encombrent et le voilent de toutes
parts.

On ne peut passer sous silence la salle des Pas-
Perdus, où sont déposées les statues du président
Groulart et de sa vertueuse femme, arrachées aux
désastres révolutionnaires par le zèle de quelques
magistrats.

Ces belles statues en marbre blanc, érigées sur
le tombeau de Groulart dans l'église des Céles-
tins de Rouen, y restèrent jusqu'à la suppression
de ce couvent par l'autorité ecclésiastique, ce qui
eut lieu dans les années qui précédèrent la révolution de 1789; transportées alors à Saint-Aubin-le-
Cauf, ancien domaine du président Groulart, elles y
avaient à peine été replacées quand, au milieu de la
tourmente révolutionnaire, ces vénérables tom-

beaux furent spoliés, et les statues, menacées de destruction, demeurèrent ensevelies et cachées parmi des décombres. Il fallut tout le zèle de l'honorable M. Floquet, greffier en chef de la Cour de Rouen, l'historien du Parlement de Normandie, pour découvrir le lieu où elles gisaient. Mme la duchesse de Fitz-James, née de Choiseul, alors propriétaire du château de Saint-Aubin-le-Cauf, fit don de ces statues historiques au département de la Seine-Inférieure, et elles furent rapportées à Rouen par les soins du préfet, M. le baron Dupont Delporte ; on les verra bientôt dans la salle qui précède la première chambre de la Cour d'appel de Rouen, et l'image du grand magistrat sera une gloire de plus pour la première ville de Normandie.

Nous nous plaisons d'autant plus à rappeler le souvenir de ce vénérable président, que M. de Monmerqué a été assez heureux pour retrouver ses Mémoires, et qu'il s'est empressé de les mettre au jour.

La salle où se tiennent les assises est la même dans laquelle Henri IV présida l'assemblée des notables et leur adressa le discours plein de noblesse et de force que l'histoire a conservé.

On ne doit pas quitter la ville de Rouen sans saluer la maison où naquit le grand Corneille, dont

la statue décore le principal pont de la cité, comme
la statue du bon roi Henri IV est l'ornement du
Pont-Neuf, à Paris.

Outre cet hommage dû au génie, il en est encore
un que l'on aime à rendre à l'immortelle bergère
inspirée de Dieu ; nous visitâmes l'hôtel Bourgtheroude, de M. Matheus, situé sur la place où fut élevé
le bûcher de Jeanne-d'Arc, à l'endroit même où se
voit aujourd'hui sa statue. Ce dernier monument
est loin de satisfaire au vœu de tout cœur français,
mais on nous a fait espérer qu'un souvenir plus en
harmonie avec la reconnaissance de la patrie vien-
drait bientôt en prendre la place.

Dans la cour de l'ancien hôtel Bourgtheroude,
on voit sculptée sur la pierre l'histoire presque
miraculeuse de la vierge de Vaucouleurs ; le temps
n'a pas encore entièrement détruit ces sculptures
naïves qui la représentent dans les différentes situa-
tions de sa vie, tantôt introduite devant Charles VII,
tantôt combattant à cheval, la bannière déployée,
et guidant les chevaliers français à la victoire ; on
suit ainsi cette légende si touchante depuis Dom-
remy jusqu'à Rouen, depuis la simple bergère jusqu'à l'héroïque martyre !...

Mais pourquoi raconter dans ma modeste prose
des actions si glorieuses ? ne ferai-je pas mieux de
citer ici le résumé poétique de cette illustre vie par

M. Alexandre Soumet, chantre harmonieux de la
vierge qui sauva la France?

Oh ! que la destinée a d'effrayants secrets !...
Il s'était rencontré dans nos vieilles forêts,
Tandis que nous portions les fers de l'Angleterre,
Une vierge semblable à celle de Nanterre.
Son regard était plein d'une chaste langueur,
Calme comme sa vie et doux comme son cœur.
Les bergères, ses sœurs, faisaient d'elle à leurs veilles
Des récits tout empreints d'innocentes merveilles.
Pour son pauvre pays, depuis ses premiers jours,
Elle priait, priait comme on aime, et toujours !...
Une voix lui parla dans la forêt des chênes ;
Elle partit alors, elle brisa nos chaînes,
Ensuite elle tomba dans les mains des méchants ;
Le bûcher s'alluma pour la fille des champs...
. . . .

Quelque attrait que nous pussions trouver à
visiter des lieux historiques ou pittoresques, il fallait
revenir à Paris, où le devoir nous appelait ; les vacances allaient expirer, et mon mari voulait assister à la messe de rentrée, célébrée dans la Sainte-
Chapelle, bâtie par saint Louis, et qui nous sera
bientôt rendue dans toute la splendeur de sa première création, par les soins de MM. Lassus et
Viollet-le-Duc.

Je ne vais donc plus voyager que dans les salons
de Paris, où les fêtes et les bals se succèdent avec
tant de rapidité, que c'est à peine si la plume pour-

rait les y suivre! Il est cependant certaines de ces
réunions où l'esprit s'unit aux arts pour en doubler
l'intérêt; tel est, entre autres, le salon de Mme la ba-
ronne Salvage de Faverolle, où l'on rencontre l'élite
de la société de Paris. Nous avons jugé plusieurs
fois par nous-même du charme que la maîtresse
de la maison répand autour d'elle; les personnes
qui composent son cercle sont l'objet de sa plus
bienveillante attention; l'agrément de ses invités
l'occupe uniquement.

Il nous est arrivé, plusieurs fois, en sortant de ce
salon, de trouver le même attrait d'une société élégante et choisie dans un hôtel situé à peu de distance,
rue Neuve-des-Mathurins, chez M. le premier président de la Cour d'appel. Les illustrations de la
magistrature, des sciences, de la politique ou des
arts, s'y donnent rendez-vous. Nous y avons entendu d'excellente musique, exécutée par les artistes
les plus distingués de Paris, et on ne peut qu'être
touché de la manière aimable dont Mme Troplong
fait les honneurs de chez elle : l'aménité dans une
maîtresse de maison est la grâce la plus attrayante.

L'Elysée, l'Hôtel-de-Ville, le Président de l'Assemblée nationale, ont donné des fêtes et des bals
splendides. Jamais plus d'éclat, plus de toilettes,
plus de diamants, plus de perles, plus de riches et
somptueuses étoffes, n'ont brillé en France : le

brocart d'or de la cour du grand roi s'est montré sous la république, et il a été bien accueilli, souvent même envié tout bas par le damas et le velours!

Nous nous sommes retrouvés avec un nouveau plaisir aux soirées de Sainte-Geneviève, réunions agréables et piquantes, qui ont un cachet tout particulier; elles sont surtout empreintes de l'esprit vif, original et tant soit peu épigrammatique du maître du logis. L'administrateur de la bibliothèque a le don d'entretenir parmi ses conviés une douce animation par une verve et un entraînement qui ne permettent à personne de demeurer étranger au mouvement d'une conversation toute littéraire. Les initiés du salon de **M.** de Lancy diront avec nous que, malgré le reproche fait à notre siècle, on sait encore causer en France. Chacun apporte son tribut de connaissances, d'esprit, de grâce et d'aménité. Des hommes remarquables viennent y mêler à une prose élégante et de bon goût leurs vers pleins de pensées et de cette finesse d'observation qui caractérise la langue de Molière. Parmi eux nous citerons MM. Tissot, Ancelot, Patin, de l'Académie française; Lebas, Ferdinand Denis, Brisset, de Bretonne, le docteur Moreau (de Tours), Desplaces, etc., etc., et un petit cercle de dames applaudit à leurs succès.

Nous y avons entendu plusieurs fois MM. Casimir Bonjour, Charles Lafond, Achille Comte, Alfred de

Martonne, Alexandre Dufaï, Constant Berryer, Nibelle, Loudun, Claudius Hébrard, poëte et orateur chrétien dont les voûtes de nos églises ont souvent répété les accents religieux. Quelquefois aussi M. J.-J. Porchat, de Lausanne, y récite une de ses *Glanures d'Esope*, dans lesquelles, même après La Fontaine, il fait revivre avec bonheur l'apologue des premiers temps; puis M. Carpentier, nourri de la littérature du dix-septième siècle, déclame ou plutôt joue avec un véritable talent des scènes de Molière et de Regnard. Souvent aussi le salon de Sainte-Geneviève devient une arène où des luttes s'élèvent entre deux auteurs qui, rivaux généreux, viennent sans se blesser s'y combattre à armes courtoises. Nos lecteurs nous sauront peut-être gré de leur donner une idée de ces tournois littéraires, où, après le combat, les deux champions peuvent ceindre la palme en se serrant la main.

Ainsi, après un séjour assez prolongé en Italie, M. Ancelot est revenu l'âme remplie des impressions qu'il y avait recueillies. Il a chanté Rome et Venise dans de beaux vers, applaudis dans des séances publiques de l'Institut de France et dans plusieurs salons de Paris; mais sa muse, descendue de ces hautes régions, a aussi fait, pendant son voyage, quelques vers de société pleins de grâce et d'urbanité. Une dame de Florence, venant à connaître le jour de la naissance de l'académicien français, disposa une fête pour cette soirée-là. M. Ancelot, reconnaissant de cette gracieuse attention, lui adressa l'inspiration suivante :

Stances.

I

Arriver au monde en pleurant;
Pleurer sur le sein de sa mère;
Pleurer plus tard lorsqu'on apprend
Que toute joie est éphémère;
Trahi dès qu'on n'est plus fouetté;
Après la férule d'un maître
Subir le joug de la beauté :
Etait-ce la peine de naître?

II

D'un nom qui brille et disparaît
Payer l'éclat par des souffrances;
Remplacer par un long regret
De fugitives espérances;
Flatter ceux qu'on doit mépriser
Sitôt qu'on a pu les connaître;
Serrer des nœuds pour les briser :
Était-ce la peine de naître?

III

De devoirs, d'intérêts mondains,
Comme un sot tourmenter sa vie;

Affronter d'orgueilleux dédains,
Afin qu'un plus sot nous envie;
Toujours compter sur l'avenir,
Quand cet avenir est peut-être
Le jour qui passe et va finir :
Était-ce la peine de naître?

IV

Suivre, par un rude chemin,
Chaque illusion qui s'éveille;
Se repentir le lendemain
Des sottises qu'on fit la veille;
Voir le bonheur s'évanouir,
Et n'avoir su le reconnaître
Que lorsqu'on n'en peut plus jouir :
Était-ce la peine de naître?

V

Enfin, quand on a bien couru
Vers un but qui sans cesse échappe,
Arriver las, brisé, recru,
Au bout de la dernière étape ;
Puis, un jour, en mauvais latin,
Recevoir le congé d'un prêtre
Pour un gîte fort incertain :
Était-ce la peine de naître?

VI

Pourtant si l'on a, sur sa route,
Trouvé cœur noble et sans détours,
Voix touchante que l'âme écoute
Et qu'on croit entendre toujours,
Beauté que la grâce décore,
Vertu modeste, esprit orné,
Je comprends que l'on puisse encore
Bénir le jour où l'on est né.

M. Nibelle, toujours avocat des bonnes causes,
répondit, quelques jours après, à l'académicien
par ces vers :

I

Le jour où je suis né fut un jour d'allégresse;
Ma mère, en me voyant, oublia ses douleurs;
Sur mon léger berceau, penchée avec ivresse,
Elle me souriait, et sa joie eut des pleurs.
    Un fils renouvela son être;
Pour elle, l'avenir se montra sans effroi.
    Un avenir heureux par moi!
    N'est-ce pas la peine de naître?

II

Ma vieille mère, hélas! fut appelée aux cieux,
Et je pleurai ma mère à mon amour ravie
Un ami vint alors se placer dans ma vie;
Souvent aussi des pleurs avaient mouille ses yeux.
    Ah! sans mon amitié peut-être,
Sous le poids du malheur il tombait accablé!
    Cet ami, je l'ai consolé :
    N'est-ce pas la peine de naître?

III

J'eus vingt ans! et mon cœur sentit un doux poison;
A vingt ans je tremblais à l'aspect d'une femme;
Désormais sans repos je sentais une flamme
Qui dévorait mon sein et troublait ma raison.
    La femme devient notre maitre;
Mais des liens sacrés et de saintes amours
    Nous ont donné de si beaux jours!
    N'est-ce pas la peine de naître?

IV

A nos grands écrivains ouvrant son Parthénon
Qu'avec tout son éclat apparaisse la gloire!
La douleur en silence écrira mon histoire,
Et nul bruit ne viendra s'attacher à mon nom :
    L'honneur du moins l'a fait connaitre.
Dans un siécle oublieux je garderai ma foi
    A l'Exilé qui fut mon roi :
    N'est-ce pas la peine de naître?

V

De l'homme la souffrance a marqué les moments.
Pour les heureux du jour la vie a peu de charmes,
Le chagrin les poursuit et la terre a des larmes.
Ah! qu'importe à la fin les heures de tourments!
　　Nous devons bientôt disparaître ;
Mais quand la tombe s'ouvre, un Dieu plein de bonté
　　Nous donne l'immortalité :
　　C'était bien la peine de naître!

ENVOI A MADAME DE MONMERQUÉ.

VI

Au temps où l'on ne cause plus,
Causer avec goût, avec grâce,
Et nous montrer, quand tout s'efface,
D'heureux trésors longtemps perdus.
Dans un triste siècle apparaître,
Riche de généreux écrits,
Et vivre au cœur de ses amis,
N'est-ce pas la peine de naître?

On a joué une comédie à l'hôtel de Castellane,
pour le triomphe des auteurs et des acteurs, M Alfred
de Musset et MM^lles Augustine et Madeleine Brohan.
Mme Berton, fille de Samson, de la Comédie
Française, s'est distinguée dans un joli proverbe
de sa composition, représenté dans une fête de charité destinée à adoucir l'infortune des classes indi-

gentes; à cet égard, les fêtes n'ont pas manqué :
plusieurs, et des plus magnifiques, ont eu lieu à
l'Opéra et au Jardin d'Hiver, féerique jardin qui
peut rivaliser avec les contes des *Mille et Une Nuits ;*
on se croirait transporté par un coup de baguette,
au milieu des enchantements de l'Orient.

Appelée comme dame patronesse à la fête de la
rive gauche et à celle du cinquième arrondissement,
avec de nobles et belles compagnes de la charité,
nous avons eu la douce satisfaction de voir l'empressement du public parisien à changer le plaisir
en aumône, comme sainte Élisabeth de Hongrie,
qui métamorphosait en fleurs les offrandes des-
tinées aux pauvres.

Mais voici ma tournée achevée pour cette année.
Si des devoirs ne nous retenaient à Paris, nous irions
admirer au Palais de Cristal les merveilles réunies
de la civilisation du monde. L'univers s'est donné
rendez-vous à Londres, dans cette exposition éclose
sous la baguette des fées. Comme femme, nous n'en
sommes pas surprise, puisque l'Angleterre est sou-
mise au sceptre d'une reine.

Mme DE MONMERQUÉ.

LETTRES

DE Mme DE SÉVIGNÉ, DE SA FAMILLE

ET DE SES AMIS;

FAISANT SUITE

A L'ÉDITION DE BLAISE,

Paris. 1818-1820

Plusieurs lettres ont été publiées depuis quelques années, que nous réunirons plus tard à la collection des *Lettres de madame de Sévigné, de sa famille et de ses amis.* Ces publications, faites à petit nombre, ne sont pas dans le commerce, et il est à peu près impossible de se les procurer.

Il nous a semblé que, placées à la suite des *Tablettes de voyage,* dans lesquelles entre plusieurs récits, madame de Monmerqué a raconté notre courte apparition aux *Rochers,* elles seraient bien accueillies de ceux qui se proposeraient de faire, après nous, ce pèlerinage littéraire.

MM. Paulin Paris et Vallet de Viriville ont publié trois lettres de madame de Sévigné, le premier dans le journal de l'*Assemblée nationale*[1], le second dans une *Revue*[2]. Ils m'autorisent à reproduire ces petites perles de notre littérature. Nous y joignons un billet, en italien, de Mme de Sévigné, adressé à la marquise d'Huxelles. C'est, jusqu'à présent, la seule lettre écrite par Marie de Rabutin dans une langue qui

[1] *Feuilleton du 22 janvier 1850.*
[2] *Revue de Paris du 22 décembre 1844.*

n'était pas la sienne, mais qu'elle savait fort bien, et que lui avaient enseignée Ménage et Chapelain.

Ce billet et sa traduction sont suivis de lettres de madame de Grignan et du marquis de Sévigné. On aimait le marquis comme celui des deux enfants qui avait le plus de la manière de sa mère ; après avoir lu les deux lettres que nous donnons, on l'aimera encore davantage.

La lettre, en prose et en vers, de madame de Sévigné à mademoiselle de Montpensier, paraît ici pour la première fois. La découverte en est due à M. Louis Passy, qui l'a mise à notre disposition. Nous nous proposons de la publier à part avec les éclaircissements dont elle est susceptible.

Nous n'avons pas voulu priver plus longtemps de ces petits trésors les personnes qui se nourrissent plus particulièrement des souvenirs et des productions du grand siècle ; nous les leur offrons dégagés de tout ce qui peut ressembler à une dissertation. Beaucoup de lecteurs croiront, sur notre parole, à l'authenticité de ces pièces, et, s'il se rencontrait parmi eux quelques incrédules, ils voudraient bien recourir aux éditions originales, où ils trouveront toutes les preuves et les renseignements qui ont été soigneusement rassemblés.

MONMERQUÉ, membre de l'Institut.

LETTRES

DE

Mᵐᵉ DE SÉVIGNÉ, DE SA FAMILLE

ET DE SES AMIS.

I

LETTRE DE Mᵐᵉˢ DE SÉVIGNÉ A M. LENET, CONSEILLER D'ÉTAT.

Ce 14 mars (1649).

Monsieur,

C'est pour voùs remettre bien avec moi qu'après m'avoir refusé du blé, en général, vous m'envoyez des douceurs, en particulier. Pour vous dire la vérité, ce n'est pas sans raison que vous vous servez de cette finesse pour me rapaiser, car le bruit qui couroit ici que vous passiez la main habilement par dessus le boisseau, pour empêcher que la mesure ne fût comble, m'avoit donné une telle rage contre vous que je ne mettois guère de différence de vostre cruauté à celle d'un Polonois;

mais aujourd'hui, par vostre soin, vous m'avez abso-
lument gagnée, et mes sentiments sont tellement changés que la plus grande joie que j'espère de la paix sera
votre retour et le plaisir de vous entretenir et tourner
en ridicule ce qui le mérite de part et d'autre.

Si M. de S. (*de Sévigné*) étoit ici, il vous rendroit
grace comme moi des offres que vous lui faites, mais
notre ami Bussy vous pourra dire où il est depuis deux
mois [1]. Contentez-vous donc de mes seules reconnois-
sances et de la protestation que je vous fais de vous
honorer plus que tous les hommes du monde. Il est
impossible d'avoir eu l'honneur de vous voir sans avoir
pour vous une estime toute extraordinaire, et puisque
souvent nous avons pensé crever de rire ensemble,
faites vos conclusions et jugez vous-même que je suis
avec passion,

Monsieur,

Vostre très humble et très obéissante servante,

M. D. R. C.

---

[1] M. de Sévigné avait accompagné le duc de Longueville en Normandie. (*Mémoires d'Ormesson*, cités par M. Cheruel.)

II

(Paris), ce 20 mars à minuit (1649).

Vous faites des triolets comme celui qui les a inventés ; quand le siége n'auroit servi qu'à vous donner cette science, vous devez vous en souvenir toute votre vie. Je vous en dirois davantage, si je n'étois prête d'aller aux Quinze-Vingts ¹, et qu'une saignée m'empêche de vous faire réponse en triolets. Excusez donc une pauvre estropiée qui est avec passion,

Monsieur,

Votre très humble servante,

M. de Rabustin Chantal.

¹ Mme de Sévigné avait alors mal aux yeux.

5

III

(Paris), ce 25 mars (1649.)

Monsieur,

Vous me permettrez de souhaiter la paix, car je trouve, avec votre permission, qu'une heure de conversation vaut mieux que cinquante lettres. Quand vous serez ici et que j'aurai l'honneur de vous voir, je vous ferai demeurer d'accord que la guerre est une fort sotte chose. J'en souhaite la fin avec passion et la continuation de vos bonnes graces dont je fais une estime toute extraordinaire, et suis avec vérité,

Monsieur,

Votre très humble et obéissante servante,

M. DE RABUTIN-CHANTAL.

IV

(Parigi, maggio, 1655.)

Io sono sdegnata contra di V. S. Illma per aver presa una medicina sensa dirmi ch' io andassi ad ajutarla da far l'operazione. Non mi credo ch' il rimedio habbia potuto operare senza il conforto della sua sorella. Bisogna che noi ci vediamo per trattar la pace insieme.

Frattanto dirò a V. S. Illma ch' andai hieri sera al ballo. Lampeggievano meravigliosamente i begli occhi della presidente, di così leggiadra statura. Non so daddovero se tutti gli strali avventati da lei fossero indirizzati nel bersaglio; so pure ella non havere havuto pensiero di scoccar a voto.

Sono stata visitata dal signor conte di Bussy, il quale spera che V. S. Illma andrà in un picciol festino che si farà nel Tempio, fra pochi giorni. La prego umilmente di farmi intendere la sua volontà sopra questo, massimamente sopra l'amore intenso con cui la scongiuro d'onorarmi e di tacere il contenuto nel biglietto.

TRADUCTION.

(Paris, mai 1655.)

Je suis furieuse contre votre Illustrissime Seigneurie de ce qu'elle a pris une médecine sans m'engager à aller l'assister dans cette opération. Je ne puis croire que le remède ait pu opérer sans le secours de votre amie. Il faut nous voir au plus tôt pour faire la paix entre nous.

Je dirai en attendant, à votre Illustrissime Seigneurie, que j'ai été au bal hier au soir. Les beaux yeux de la présidente [1], à la taille si gracieuse, jetaient de merveilleux éclairs. Je ne sais, à la vérité, si tous les traits lancés par elle avaient un but, mais je sais bien que son intention n'a pas été de les décocher inutilement.

J'ai reçu la visite de M. le comte de Bussy ; il espère que votre Illustrissime Seigneurie voudra bien venir à une petite fête qui sera donnée au Temple [2] dans peu de jours. Je la prie très-humblement de me faire connaître sa volonté à ce sujet, et surtout sur la vive tendresse dont je la conjure de m'honorer, comme aussi de garder le silence sur le contenu de ce billet.

[1] Mme de Bailleul, belle-sœur de la marquise d'Huxelles.

[2] Chez Hugues de Rabutin, grand-prieur de Malte, oncle de Marie de Rabutin et de Bussy. C'est celui que M. de Sévigné appelait *son oncle le Pirate.*

V

LETTRE INÉDITE DE Mme DE SÉVIGNÉ A Mlle DE MONTPENSIER.

Aux Rochers, ce 30 octobre 1656.

O! belle et charmante princesse!
Vos adorables qualités,
Et plus encor vos extrêmes bontés
Font qu'à vous on pense sans cesse,
Que toujours l'on voudroit se trouver près de vous,
Que l'on voudroit toujours embrasser vos genoux;

C'est donc avec justice, Mademoiselle, que Votre Altesse Royale fut persuadée que j'aurois bien voulu être du nombre de celles, à Chilly, à Saint-Cloud et dans les autres lieux, qui se trouverent sur son passage, en allant à Forges. Le mien sans doute eût été des plus zélés, mais ma joye eût été parfaite, si j'eusse été assez heureuse pour me trouver à point ;

Car vous, grandes Divinités,
Vous vous rendez plus familières
A nous autres humbles bergères,
Dans les lieux du monde écartés,
Parmi les bois et les fougères,
Que vous ne faites pas dans les grandes cités.

C'est, sans doute, où vous m'eussiez fait l'honneur de me dire vos sentiments de cette Reine du Nord,

dont vous témoignez être si satisfaite [1]. J'ai reçu vingt
cinq ou trente lettres qui m'ont dit vingt cinq ou trente
fois la même chose : la belle réception qu'on lui a faite
et celle qu'elle a faite aux autres. Pour moi, Mademoiselle, je ne vous manderai point de nouvelles de
ce pays dont vous puissiez être importunée de redites,
car je m'assure que je suis la seule qui vous puisse
apprendre la cavalcade qu'ont faite à Nantes quelques
dames du quartier Saint-Paul, en habits d'Amazones.
Madame de Creil étoit la principale, et M. de Brégis
conduisoit cette belle troupe.

> Tout ce qu'on voit dans les romans
> De pompeux et de magnifique,
> Tout ce que le moderne, aussi bien que l'antique
> A jamais inventé pour les habillements,
> N'approche point des ornements
> Dont cette troupe étoit parée,
> Et je suis bien assurée
> Qu'autres fois Talestris,
> Quand elle vint trouver, de lointaine contrée,
> L'illustre conquérant dont son cœur fut épris,
> N'étoit point si divine
> Que de Creil, la Divine,
> Auprès du comte de Brégis.

Elles étoient parties en cet équipage des Sables d'O-
lonne pour rendre visite à madame la maréchale de
la Meilleraye qu'elles ne trouverent point; mais leur
peine ne fut pas tout à fait perdue, car elles furent ré-

[1] La reine Christine de Suède.

galées de force cris de carême-prenant, après quoi elles s'en retournèrent fort satisfaites.

Je m'assure aussi que vous n'aurez jamais ouï parler de la cane de Montfort, laquelle tous les ans, au jour de Saint-Nicolas, sort d'un étang avec ses canetons, passe au travers de la foule du peuple, en canetant, vient à l'église et y laisse de ses petits en offrande.

Cette cane jadis fut une damoiselle
   Qui n'alloit point à la procession,
Qui jamais à ce saint ne porta de chandelle ;
    Tous ses enfants, aussi bien qu'elle,
   N'avoient pour lui nulle dévotion,
    Et ce fut par punition
Qu'ils furent tous changés en canetons et canes
    Pour servir d'exemple aux prophanes ;

Et si, Mademoiselle, afin que vous le sachiez, ce n'est pas un conte de ma Mère Loye,

    Mais de la cane de Montfort
    Qui, ma foy ! lui ressemble fort.

Vous voyez, Mademoiselle, que je vous ai donné parole ; ces nouvelles n'auront point leurs pareilles. Mais, parlant plus sérieusement, trouvez bon qu'avec tout le monde je souhaite avec passion le retour de Votre Altesse Royale à Paris, et que je l'assure que je suis plus que jamais sa très humble et très obéissante servante,

MARIE DE RABUTIN-CHANTAIL.

_____

VI

(A Paris), lundi, 5 janvier 1688.

Je ne vous ai point écrit cette année, mon cher
comte, et ne vous ai point souhaité une heureuse année ; cependant Dieu sait quels sont mes desirs et si
je donnerois volontiers des miennes pour augmenter
le nombre des vôtres.

Après ce petit compliment, je vous dirai que je re-
vins samedi de Versailles. J'y ai fait ma cour quelques
jours ; j'y ai vu la procession des Chevaliers. Il me
semble qu'il y en avoit bien peu ; cependant le roi
trouva qu'ils étoient assez, ainsi je ne vois pas que l'on
doive espérer d'en voir davantage : ce ne sera pas au
moins à la Chandeleur, ainsi les espérances seront
reculées jusques à la Pentecoste. En attendant il arrive tous les jours de vilains visages pour demander
cette faveur, entre autres celui de M. de Molac, qui
joint à une grimace naturelle une convulsion si af-
freuse que l'on ne peut pas le regarder sans frayeur,
ou sans rire. La grimace de M. de Cauvisson arrive
nécessairement aussi. Je ne sais comme ces gens-là
croyent que leur présence peut leur être utile ; pour
moi je craindrois qu'elle ne changeât les bonnes in-

tentions que l'on pourroit avoir en leur absence. Je
vous ai mandé ce que M. de Cauvisson me laissa
entendre sur le mariage de son fils. Je n'ai rien su
depuis.

Le chevalier (*de Grignan*) a eu une conversation
de trois heures avec M. de Montausier, parlant sur
tous les chapitres avec tant de force, de raison et de
noblesse que vous devez être fort content que vos intérêts soient en si bonnes mains. Il lui représenta fort
vivement l'horreur de la saisie, et comme on est sur-
pris que ce procédé soit celui de l'homme du monde
que l'on choisiroit le plus pour remettre la paix dans
les familles, et pour apprendre aux gens de qualité
comme ils doivent vivre l'un avec l'autre. Il parle du
mémoire par lequel il vous refusoit un arbitre et dit
qu'assurément il ne l'avoit pas vu ; que c'étoit un style
de hauteur de Madame d'Usez, comme si elle étoit
princesse du sang et vous un marchand de la rue Saint-
Denis, et dit qu'il vous avoit prié de le laisser répondre
à ce mémoire et qu'assurément il y auroit répondu en
prince du sang aussi, mais que vous lui aviez dit qu'il
falloit se montrer le plus sage et le plus chrétien, et
que vous aviez voulu tout finir en payant. Il parla de la
ridicule conduite de sa nièce de vous quitter sous pré-
texte ou qu'elle est maltraitée, ou chassée ; que bien
des témoins savent le contraire et qu'il faut que mademoiselle d'Alerac [1] ait le plus mauvais cœur et soit

---

[1] Elle était fille d'Angélique-Claire d'Angennes, première femme
de M. de Grignan.

la plus ingrate créature du monde pour oublier les obligations qu'elle m'a.

Quant à la donation qui fait encore un grand chapitre, M. de Montausier lui dit : « Est-il vrai, monsieur, que vous vous vantez de l'avoir fait faire ? » Le chevalier lui dit qu'il n'avoit pas accoûtumé de se *vanter* de beaucoup de choses, mais qu'il se vanteroit de celle-là, s'il l'avoit faite ; que ce qui l'en empêche c'est qu'il n'y a de part que de l'avoir reçue en l'absence de M. de Grignan. M. de Montausier répéta fort que c'était le bien de la mère de mademoiselle d'Alerac ; que l'on avait coupé la gorge à sa sœur [1]. M. le Chevalier lui répondit : « Vous comptez donc, monsieur, le bien de mademoiselle de Grignan pour celui de mademoiselle d'Alerac ? Eh bien ! monsieur, si cela est, elle a encore cinq cent mille francs, mariez-la donc à un duc ; mais vous comptez mal, car elle peut les donner à un couvent, aux pauvres, à qui elle voudra enfin, et peut-être mademoiselle d'Alerac n'en aura-t-elle jamais rien. » M. de Montausier finit la conversation par mille tendresses, par mille protestations, en un mot par ses sentiments, qui sont bons et honnêtes, parce qu'ils lui sont naturels ; mais pour ses raisons, comme elles lui sont inspirées par sa fille, elles sont toutes de travers.

Votre fille est toujours à Versailles à tous les bals. Je l'ai vue, sans lui parler. Madame d'Usez me parla

---

[1] Mlle de Grignan, sœur de Mlle d'Alerac, en entrant aux Carmelites, avoit fait donation à son père de ce qui lui revenoit de la succession de sa mère.

de ma jupe, dont, à propos, il faut que je vous remercie. C'est la plus magnifique jupe de Versailles, et d'une si grande beauté que MONSIEUR me dit : « Madame, vous n'avez pas acheté cette étoffe, vous êtes trop bonne ménagère. » Je lui avouai que c'étoit un présent que vous m'aviez fait ; je vous en ai fait tout l'honneur.

Vous me mandez que je ne crois jamais que mon fils ait assez d'habits : je ne lui fais rien faire que de nécessaire. J'avoue que j'ai fort envie qu'il danse au bal. Il est joli, d'un bon air, dansant bien, il ne sera jamais plus propre à paroître et à donner une jolie idée de lui ; je serois donc fort aise de le produire avec un habit de bal digne de lui. Je crois que j'en ferai la dépense ; si M. de Carcassonne [1] y veut avoir égard, il me fera grand plaisir ; je suis persuadée que s'il étoit ici il lui feroit présent de sept aulnes d'étoffe.

Vous voyez, mon cher comte, qu'avec tant de pensées de vanité, il est difficile que je réponde au sermon que vous me faites : tout ce que je puis vous dire avec vérité, c'est que je meurs d'envie d'avoir aussi une cellule à Grignan et de renoncer à tout ceci. Sans notre procès [2], hélas ! nous serions cachés ensemble dans notre château ; je ne vous en laisserois sortir que bien peu et nous ferions des épargnes pour faire vivre et paroître notre enfant. C'est tout mon but....

(La fin de cette lettre est sans intérêt.)

[1] Le *bel abbé*, beau-frère de Mme de Grignan.

[2] Le procès avec M. d'Aiguebonne pour la restitution de la dot de Mlle du Puy-du-Fou, *seconde femme du comte de Grignan.*

VII

Paris, le 2 juillet 1696.

Je ne sais, madame, si vous aviez quelque connoissance que madame de Sevigné m'eût envoyé, après
qu'elle fut partie, une cassette cachetée de ses armes.
Elle ne m'écrivit point, et je compris facilement que
c'étoit pour les mêmes raisons, et aux mêmes con-
ditions qu'elle m'avoit bien voulu confier la même
cassette, lorsqu'elle fit un voyage précédent. La principale condition étoit que vous en fissiez l'usage con-
venable, en cas que monsieur votre frere voulut avoir
des prétentions contre vous. Une damoiselle de madame de Sévigné, ayant dit à monsieur vostre frère que
j'avois une cassette, je lui ai expliqué l'intention de
madame votre mère, et en même temps il m'a signé
un écrit dont je vous envoye une copie. Si cela vous
convient, vous aurez, madame, la bonté d'en faire faire
une copie, et de mettre au dessous la ratification, et
pareille soumission qu'a faite monsieur votre frère. Je
vous en envoye la copie, qui ne sera pas inutile, à ce
que je pense.

Soyez, madame, bien persuadée de mon attachement
très respectueux, avec lequel je suis plus à vous, madame, que je ne puis vous le dire.

P. S. On déposera l'acte qu'a fait monsieur votre frère et celui que vous envoyerez chez un notaire ; et je ferai ensuite remettre les papiers entre les mains de qui vous ordonnerez.

VIII

LETTRE DE M. LE CAMUS A M. LE CHEVALIER DE GRIGNAN.

Paris, le 26 juillet 1696.

Que madame de Grignan a raison, et que je sens comme elle les renouvellemens des douleurs et de la tristesse de la perte que j'ai faite, et comme cela revient à tous les momens de la vie ! J'ay lu et relu votre lettre, et je n'ay trouvé que le parti d'être bien affligé.

Je crois qu'il n'y a rien de mieux que de signer l'acte que je vous ai envoyé. Les papiers qui sont dans la cassette me paroissent de conséquence pour madame de Grignan ; et, à vous dire la vérité, lorsque j'ai fait entendre à monsieur le marquis de Sevigné l'intention de madame sa mère, il signa l'acte de bonne grace, tel que l'ai envoyé, et comme madame de Grignan n'a rien à demander à monsieur son frere, il ne paroit rien de mieux à faire que de signer l'acte sans différer. Je deposerai les deux actes chez un notaire, et je donnerai les papiers à qui madame de Grignan ordonnera.

Je suis ravi que sa santé se rétablisse, et que vous méditiez tous un voyage vers le mois d'octobre. Je vous prie, monsieur, de m'aimer et de me croire à vous avec tout l'attachement possible.

L'on ne parle ici que de paix, de mariage et de joye, qui ne me font pas plus gai.

Adieu, monsieur; faites, je vous prie, mes complimens à toute la maison.

IX

FRAGMENT D'UNE LETTRE DU MARQUIS DE SÉVIGNÉ
A Mme LA COMTESSE DE GRIGNAN.

(Août 1696).

. . . . . Et présentement que je suis sur mon terrain, je n'ai besoin que de savoir ce que vous ordonnerez de cet argent, si vous voulez qu'on vous l'envoye, ou si vous voulez qu'on en dispose à Paris; soit pour vous le garder, soit pour le donner à quelqu'un, vous serez obéie dans le moment. Ce qui m'a causé la sécheresse où j'ai été dans les derniers temps de mon séjour à Paris, c'est que j'ai donné beaucoup d'argent pour les rachats des terres de Basse-Bretagne. Je m'étois proposé d'acheter une tapisserie, mais les droits en sont si exorbitants, que je n'ai pu le faire [1].

----

[1] Une tapisserie de Flandres; les droits d'entrée protégeaient les manufactures françaises.

J'ay trouvé quelque grace auprès des fermiers, en faveur des vieux meubles de famille, et cette raison m'a fait faire une chose dont vous me saurez pourtant gré dans la suite, mais dont je ne laisse pas de vous faire mille excuses et à monsieur de Grignan. Vous aviez envie d'avoir une des vieilles tentures de ma mère ; la moindre a été estimée quatre cents livres, c'est-à-dire, en termes d'inventaire, cinq cents livres. Vous en trouverez assurément dans le temps qui court, de beaucoup plus belles, de plus éclatantes et de plus convenables pour le même prix, si vous voulez en faire chercher deux mois avant votre retour à Paris. Je vous supplie, ma très aimable sœur, de me pardonner, si je n'ai pas en cela régulièrement suivi ce que vous souhaitiez, et de considérer que j'étois forcé par la promptitude de mon départ et par toutes les circonstances que je vous ai dites.

J'ay trouvé, dans les papiers de ma mère, un papier qui s'adresse à vous et à monsieur de Grignan, et qui n'est point signé. Ma mère vous prie tous deux de tenir compte à Pauline d'une somme de neuf mille francs, que feu mon oncle l'abbé luy a laissée : elle dit que ce payement vous sera insensible, et même au marquis de Grignan, et finit en disant qu'il y a eu sur cela quelque changement dans les volontés de mon oncle l'abbé, mais qu'il est toujours temps de faire du bien. J'ai laissé ce billet entre les mains de M. Rochon, dont vous et moi ne saurions trop reconnoître l'amitié et le zèle, pour tous nos intérêts communs.

Ma mère m'a toujours fait un secret sur ce qui s'é-
toit passé entre vous depuis l'accommodement qu'elle
eut la bonté de faire en faveur de mon mariage. Je n'ai
jamais été bien connu d'elle sur ce sujet : elle m'a
quelquefois soupçonné d'interêt et de jalousie contre
vous pour toutes les marques d'amitié qu'elle vous a
données. J'ai présentement le plaisir de donner des
preuves authentiques des véritables sentimens de mon
cœur. M. le lieutenant civil a été témoing des premiers mouvemens, qui sont toujours les plus naturels.
Je suis très content de ce que ma mère a fait pour moi,
pendant que j'étois dans la gendarmerie et à la cour ;
j'ai encore devant les yeux tout ce qu'elle a fait pour
mon mariage, auquel je dois tout le bonheur de ma
vie ; je vois *toutes les obligations longues et solides que
nous lui avons ;* ce sont là les mêmes paroles dont vous
vous servez dans votre lettre ; tout le reste ne m'a jamais donné la moindre émotion. Quand *il* seroit vrai
qu'il y auroit eu dans son cœur quelque chose de plus
tendre pour vous que pour moi ; croyez-vous, en bonne
foi, ma très chère sœur, que je puisse trouver mauvais
qu'on vous trouve plus aimable que moi ; et ma fortune, soit faute de bonheur, soit faute de mérite, s'est-
elle tournée de manière à bien encourager à me faire
des biens de surérogation ? Jouissez tranquillement de
ce que vous tenez de la bonté et de l'amitié de ma
mère : quand j'y pourrois donner atteinte, ce qui me
fait horreur à penser, et que j'en aurois des moyens
aussi présens, qu'ils seroient difficiles à trouver, je me

regarderois comme un monstre si j'en pouvois avoir la moindre intention. Les trois quarts de ma course pour le moins sont passés ; je n'ai point d'enfants, et vous m'en avez faits que j'aime tendrement ; je suis plus aise de leur laisser ce que Dieu m'a donné en ce monde que si je le laissois à des marmots de ma façon, qu'on ne sauroit ce qu'ils devroient devenir un jour. Je ne souhaite point d'avoir plus que je n'ai ; graces à vous et à un ministre, je suis assez bien dans mon état. Si je pouvois souhaiter d'être plus riche, ce seroit par rapport à vous et à vos enfans. Nous ne nous battrons jamais qu'à force d'amitié et d'honnêteté. Je veux que les Grignans me trouvent digne d'eux et de vous. Je ne leur sacrifie rien, mais je leur sacrifierois beaucoup pour avoir leur amitié et leur estime. M. de la Garde prendra, s'il lui plait, la part qui lui convient dans ce discours.

Adieu, ma très chère et très aimable sœur : n'est-ce pas une consolation pour nous, en nous aimant tendrement par inclination, *comme nous faisons*, que nous obéissions à la meilleure et à la plus aimable de toutes les mères? Soyons donc plus étroitement unis que jamais, et comptez que tout ce qui pourra vous faire plaisir sera une loi inviolable pour moi.

X

Aux Rochers, ce 27 septembre 1696.

Dans l'état où je me vois, et sur le point d'exécuter, peut-être dans peu de temps, le dessein que j'ai toujours eu de me retirer à la fin de mes jours, si Dieu rompoit l'union qu'il a mise entre ma femme et moi, je veux, ma chère sœur, vous donner un éclaircissement général de toutes les affaires de la maison, afin que vous retiriez tout ce qui reste du bien de vos pères, que vous rendiez justice à tous ceux à qui je dois légitimement, et que, sans attendre ma mort, vous jouissiez paisiblement de ce qui est à vous.

Je ne sais si la charge, où je me suis engagé, vous donnera plus d'embarras que vous n'en auriez eu, si j'avois conservé les contrats que madame de Sévigné m'a apportés en mariage; cela dépendra du prix que vous en trouverez : elle n'a point dépéri entre mes mains ; au contraire, le ministre que nous aimons et qui nous aime [1], y a fait ajouter deux mille francs par an pour mon logement, et si la paix rend l'argent plus commun qu'il n'a été depuis quelques années, il y a de l'apparence, avec la même protection que nous avons

---

[1] Arnauld de Pomponne.

eue, que vous pourrez retrouver l'argent que j'y ai mis.
Je joindrai à la fin de cette lettre un mémoire exact des
arrérages que je paye tous les ans; le surplus est payé
par ceux dont j'ai transporté les contrats et les actes,
et en y ajoutant les dettes que ma mère a laissées, et
qui ont été faites pour vous, vous connoîtrez d'un coup
d'œil ce que vous devez, et ce qui vous restera, quand
vous vous serez acquittée.

Vous savez que madame de Sévigné m'a apporté en
mariage deux cent mille francs, plus clairs que le jour.
Il seroit difficile, ma chère sœur, que, sans être entièrement ruinée, vous rendissiez en espèces une aussi
grande somme, mais la coûtume de Bretagne y a
pourvu; elle ordonne que l'on fasse une *rassiette* en
terres[1]; les fiefs y sont au denier quarante, tous les
biens nobles à proportion; et par ce moyen, quand on
est assez malheureux pour perdre sa femme sans en
avoir d'enfants, on remplace aisément ses deniers do-
taux sans perdre beaucoup de revenu. Vous pourrez
employer des gens d'honneur et de nos amis pour finir
cette affaire. L'abbé Charrier est l'homme du monde
qui vous y peut le plus servir; tout son esprit est tourné
du côté des affaires solides; il les entend; il a un très
bon cœur; il donne volontiers ses soins pour ceux
qu'il aime, et je suis le plus trompé du monde, s'il vous

---

[1] L'assiette en héritages était la désignation avec appréciation à
dire d'experts des biens immeubles, nobles ou en roture, qui pouvaient être donnés en payement de la dot.

les refuse en cette occasion. Adressez-vous à lui, et je suis sûr que vous en serez contente [1].

Des deux cent mille francs que j'ai reçus, il y en a douze de mobilisés, par conséquent la rassiette que vous ferez à M. de Plélo, l'aîné de mes beaux-frères, ne doit être que de cent quatre-vingt huit mille livres.

Cette rassiette, dont je viens de parler, doit être encore moindre. Madame de Sévigné, par un mouvement de tendresse dont je ne puis me souvenir sans avoir le cœur pénétré, considéra un jour le désordre qui pourroit arriver dans ma maison, si elle venoit à mourir; et pour me donner une marque essentielle de son amitié, elle fit une donation de cinquante mille francs, en faveur d'un des cadets de M. de Tizé : elle déclaroit tout haut, et le disoit même à madame de Tizé, que son intention principale, en faisant un présent si considérable, étoit que sa maison ne me demanderoit le fonds, ni les arrérages de cette somme, pendant ma vie. M. et madame de Tizé consulterent leurs directeurs, qui les assurerent qu'une telle convention, si elle étoit exprimée, seroit contre les lois, et pourroit même blesser leur conscience ; et ils furent plus de dix-huit mois sans vouloir accepter cette donation. La délicatesse de leurs consciences vint à la connoissance de madame de Sévigné, et pour les mettre dans un plein repos, elle leur dit qu'elle ne prétendoit

[1] L'abbé Charrier avait souvent donné des conseils à madame de Sévigné pour la conduite de ses affaires.

mettre aucune condition dans l'acte qu'elle vouloit faire en leur faveur, et qu'elle les prioit seulement d'avoir bien de l'amitié pour elle et pour moi. Ils répondirent l'un et l'autre que, s'ils étoient assez malheureux pour jouir de cette somme pendant ma vie, je connoîtrois combien l'amitié qu'ils avoient pour elle et pour moi étoit essentielle et effective, et aussitôt l'acte fut dressé et insinué au greffe du présidial de Rennes, où on le trouvera aisément.

M. et madame de Tizé ont déjà commencé à nous donner une marque de leurs sentimens, car, dans l'affaire de ma charge, ils m'ont donné un contrat de trois mille quatre cents livres, dont je ne leur paye point d'arrérages, en faveur de cette donation, mais dont le fonds leur reviendra après ma mort.

Vous n'avez donc présentement, ma chère sœur, qu'à faire une rassiette à M. et à madame de Plélo de la somme de cent trente huit mille francs. Je vous conseille de la faire sur la terre de Bodegat, pour plusieurs raisons. La première c'est que cette terre est dans le voisinage de Mauron[1]; la seconde, c'est qu'il n'y a point de château ni de manoir à cette terre ; la troisième et la plus considérable pour vous, c'est qu'il n'y a point de domaines et que le revenu consiste en fiefs et en

---

[1] Terre de la famille de madame de Sévigné, belle-fille, érigée en baronnie par lettres du mois de mai 1655, en faveur de Jean de Bréhan, seigneur de Galinée et du Plessis-Mauron, conseiller au parlement de Bretagne.

rentes seigneuriales, ce qui est porté par la coûtume au denier quarante.

A l'égard des cinquante mille francs de M. de Tizé, il suffit de les lui bien assurer, soit en terres à sa bien-séance, ou en argent, quand vous, ou le marquis de Grignan vendrez vos terres de Bretagne, ce que vous ne sauriez faire trop tôt, dès que Dieu aura disposé de moi. Vous pouvez même le faire dès à présent, et j'y consens de tout mon cœur, pourvu que vous m'assu-riez pendant le reste de mes jours quatre mille francs par an. Je me suis fixé à cette somme parce que je puis tomber en de telles infirmités, sur la fin de ma vie, soit par la foiblesse de ma vue, qui est déjà fort diminuée, soit par d'autres accidents auxquels on est sujet, que je serai obligé, pour adoucir un peu la tristesse de mon état, de retirer auprès de moi quelque homme de science et de piété, avec qui je puisse lire, étudier ; en un mot me consoler.

En attendant que vous ayiez vendu les terres, je me réserve le revenu de la terre du Buron, à condition que vous payerez sur les autres terres mille livres de rente pour les arrérages de dix huit mille francs que ma mère fut obligée d'emprunter à Nantes, pour achever de payer M. d'Harouys. Madame de Sévigné et moi sommes obligés à cette somme.

La terre du Buron ne vaut pas tout à fait quatre mille livres de rente ; vous suppléerez le reste, soit sur les revenus de ma charge, si vous êtes quelque temps sans la vendre, soit sur les autres terres.

Il ne me reste plus qu'à vous donner un mémoire exact de toutes les affaires de la maison, qui vont désormais devenir les vôtres, et à vous supplier, ma très 'chère et très aimable sœur, de me conserver jusqu'à la fin cette amitié si chère et si précieuse que vous avez toujours eue pour moi : pardonnez-moi le peu d'honneur que je vous ai fait dans le monde : le peu de bonnes qualités que Dieu m'a données a été entièrement inutile pour ma fortune. Je ne dois maintenant songer qu'à tâcher de rendre utiles pour mon salut les semences de piété et de religion que vous et moi avons reçues de nostre éducation, et que, malgré mes déréglemens, j'ai toujours cultivées par la lecture de plusieurs bons livres.

Je supplie M. de Grignan, messieurs ses frères, M. de la Garde, le marquis de Grignan et mon aimable Pauline de me continuer leur amitié ; je la mérite en quelque façon par l'estime, le véritable attachement et l'extrême tendresse que j'ai toujours eus pour eux.

SÉVIGNÉ.

Mémoire des dettes qui sont dans la maison.

DETTES DE MA MÈRE.

A madame de la Fayette.............liv.	10,000
Aux héritiers de feu M. d'Ormesson.......	30,000
A M. Lamelin........................	8,000
A un autre dont j'ay oublié le nom.......	1,500
A Nantes, en plusieurs contrats, au denier	
dix-huit...........................	18,000

Total. . . .   67,500

DETTES DE MON ESTOC PARTICULIER.

Pour le mariage de madame de Sévigné, il	
est dû à ses héritiers..............liv.	138,000
A M. de Tizé, pour sa donation..........	50,000

Total. . . .   188,000

DETTES CRÉÉES POUR MA CHARGE.

A M. de Galinée, mon beau-frère, en deux	
contrats........................ liv.	34,611
A M. de Tizé, en plusieurs contrats.......	12,006
A mademoiselle de la Roche de Quelen....	4,800

306,917

	liv.	306,917
A l'abbaye de Saint-Georges............		4,000
A madame de la Villeroux.............		8,000
A madame de la Lonnelais, par obligation..		10,000
Plus à M. de Tizé, un petit contrat dont je ne paye point d'arrérages............		3,400

Total..... 76,417

Total général des dettes.......... 332,317

BIENS ET EFFETS DE LA MAISON POUR LE PAYEMENT DES DETTES.

La terre des Rochers, valant sur les lieux six mille livres de rente et plus. On peut à un prix très médiocre l'estimer au moins..liv. **120,000**

La terre de Bodegat, toute en fiefs est fort seigneuriale. Elle a toujours valu, par main de fermier, quatre mille livres de rente; elle ira pour le moins, sur le pied de la coûtume de Bretagne, à............. **120,000**

La terre de Sévigné, dont le principal revenu est en moulins, deux métairies et quelques fiefs, ne sera gueres plus vendue que la somme de....................... **18,000**

Les terres que madame d'Acigné a données en payement à ma mère; elles valent, par main de fermier, quatre mille livres de

258,000

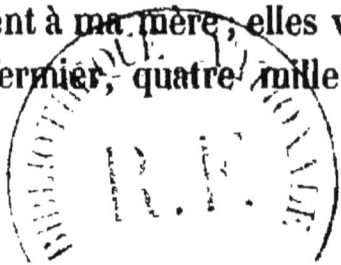

6

liv.   258,000

rentes, mais les gens du pays ne croyent
pas qu'à les vendre ou en trouvât plus de
vingt mille écus ; c'est le plus bas prix...   60,000
La terre du Buron, bien bâtie pour un vieux
château [1], vaut encore actuellement, par
main de fermier, trois mille huit cent livres
de rente. Elle a été jusqu'à quatre mille
quatre cents livres; elle est dans un très
bon pays; on peut l'estimer au moins,
quand la paix sera faite..............   100,000
La charge de lieutenant de roi de Bretagne,
héréditaire, avec ce que le Roi a eu la
bonté d'y ajouter pour mon logement, vaut
au moins le prix que je l'ai achetée. M. l'é-
vêque de Nantes m'en a offert du profit de
la part de M. de Thianges...........   180,000
                                      ─────────
          Total des effets........   598,000

Il y a de plus quelques meubles que je ne compte
pour rien, quoiqu'il y en ait assez honnêtement pour
un homme qui avoit un établissement dans une province.

Il y a encore quelques petites dettes, mais si Dieu
nous conserve la vie encor quelque temps, à madame
de Sévigné et à moi, elles seront entièrement acquit-

---

[1] Le Buron, à quatre lieues de Nantes, ce lieu d'enchantement,
avant que le marquis en eût fait abattre les arbres séculaires.

tées, soit sur nos revenus, soit sur l'argent de la dépu^t
tation. Cela m'a empêché de mettre en ligne de compte
trois mille quatre cent cinquante livres que M. le duc
de Chaulnes m'a prêtées très généreusement, quand le
Roy m'envoya commander à Nantes, par commission,
en 1693.

SÉVIGNÉ.

XI

LETTRE DE LA COMTESSE DE GRIGNAN A LA MARQUISE D'HUXELLES.

Marseille, le 12 février 1703.

Je me plains hautement de messieurs de Grignan,
Madame; ces honnêtes gens, ces gens si incapables
d'une mauvaise action, ont fait celle de me trahir : ils
ont l'honneur de vous écrire, et ne vous disent rien de
moi, qui n'ai eu qu'un cri pour vous faire recevoir mes
complimens par ces deux messieurs. J'étois, Madame,
dans la bonne foi; et persuadée qu'une de mes lettres,
dans ces occasions, n'ajoute rien à ce qu'ils vous di-
roient de moi, connoissant comme ils font, Madame,
mes sentimens, et combien je vous honore : je comptois
donc qu'ils vous l'avoient dit, et je vois dans votre lettre
tout le contraire. Joignez-vous à moi, je vous supplie,
pour les accabler de reproches; chargez-les du soin de
les justifier auprès de vous, et recevez ma justification,

avec les assurances de ma vivacité sur tout ce qui vous touche, et je sais que rien ne doit toucher davantage qu'un honneur si singulier et si bien mérité que la dignité de maréchal de France [1]. C'est une restitution que la Fortune vous fait en la personne de monsieur votre fils, dont vous deviez jouir plus intimement encore; mais enfin, on ne compte guères ric à ric avec la Fortune, et quand elle veut bien réparer ses torts, on les oublie [2]. Je suis, au reste, ravie du soin qu'elle a pris de se raccommoder avec vous. Je ne suis ni déesse, ni légère comme elle, j'espère cependant, Madame, que vous me pardonnez mes fautes, et que si vous refusez d'en charger messieurs de Grignan, vous ferez grâce aux sentimens tendres et respectueux avec lesquels je vous honore et vous suis attachée depuis que je suis au monde.

LA COMTESSE DE GRIGNAN.

[1] Nicolas du Blé, marquis d'Huxelles, fut fait maréchal de France par lettres du 14 janvier 1703; il prêta serment le 8 février suivant.

[2] Louis Châlons du Blé, père du maréchal, avait obtenu un brevet de maréchal de France, ainsi qu'un brevet de chevalier des ordres. Blessé mortellement au siége de Gravelines, le 9 août 1658, il expira quatre jours après.

XII

LETTRE INÉDITE DE M. DE COULANGES A M. DE GAIGNIÈRES.

Ce mardi matin (17 mars 1711).

Je vous suis très obligé, Monsieur, de l'honneur de votre souvenir ; c'est une marque de la continuation de votre amitié, à laquelle je suis très sensible, mais je suis très affligé de l'état où vous êtes, et je ne manquerai pas jeudi prochain d'en aller moi-même savoir des nouvelles. . . . .

Votre cabinet mérite bien l'immortalité, et pour y parvenir, vous ne pouviez mieux faire que de le joindre à celui de Sa Majesté. Je souhaite fort que tant que vous vivrez elle vous donne largement des marques bien effectives de la reconnoissance qu'elle en doit avoir ; le présent le mérite bien. Je vous remercie par avance, Monsieur, de la grâce que vous voulez bien me faire de me dire comme tout cela s'est passé : vous ne pouvez en faire confidence à personne qui prenne plus d'intérêt que je le fais en tout ce qui vous regarde ; qui vous honore et vous estime plus que je le fais, ni qui soit plus sincèrement et plus tendrement que je le suis votre très humble et très obéissant serviteur,

COULANGES.

P. S. Je crois que vous savez bien que nous avons

perdu dimanche dernier M. le maréchal de Choiseul [1].
Comme il n'avoit que huit mois plus que moi, c'est une
pierre dans mon jardin. Nous en sommes très affligés,
madame de Coulanges et moi ; c'étoit un ami de plus
de cinquante ans, avec qui nous avons toujours eu une
liaison très particulière, et dont on ne pouvoit assez
admirer la valeur et le désintéressement par n'avoir
rien qui ne fût au service de ses amis. C'est une grande
perte pour tous les Choiseul qui sont sur la terre qu'il
secouroit dans tous leurs besoins.

[1] Il mourut doyen des maréchaux de France, le 11 mars 1711.

FIN.

Imprimerie de HENNUYER et Cᵉ, rue Lemercier, 24, Batignolles.

TABLE DES MATIÈRES.

FIN DE LA TABLE DES MATIÈRES.

www.ingramcontent.com/pod-product-compliance
Lightning Source LLC
Chambersburg PA
CBHW060638100426
42744CB00008B/1672